Kohlhammer

Die Autorin

Brigitte Berger, 1959 in München geboren. Studium der Pädagogik, Philosophie und Kunsterziehung. Pädagogin (MA), Yogalehrerin (BDY/EYU), Paartherapeutin (EAPT), lehrt Traumarbeit nach Ortrud Grön in von der Psychotherapeutenkammer akkreditierter Aus- und Fortbildung. Sie arbeitet in eigener Praxis seit 2007 einzeln und in Gruppen sowie im paartherapeutischen Setting mit Träumen. Sie bietet Ausbildungsmodule (hybrid) in der therapeutischen Arbeit mit Träumen für ärztliche und psychologische PsychotherapeutInnen und beratende Berufsgruppen an. Brigitte Berger ist verheiratet und hat drei erwachsene Kinder. Weitere Informationen unter www.YogaTraeume.de.

Brigitte Berger

Die Weisheit der Träume

Träume als kreative Wegfinder und Mutmacher

Verlag W. Kohlhammer

Dieses Werk einschließlich aller seiner Teile ist urheberrechtlich geschützt. Jede Verwendung außerhalb der engen Grenzen des Urheberrechts ist ohne Zustimmung des Verlags unzulässig und strafbar. Das gilt insbesondere für Vervielfältigungen, Übersetzungen, Mikroverfilmungen und für die Einspeicherung und Verarbeitung in elektronischen Systemen.

Pharmakologische Daten verändern sich ständig. Verlag und Autoren tragen dafür Sorge, dass alle gemachten Angaben dem derzeitigen Wissensstand entsprechen. Eine Haftung hierfür kann jedoch nicht übernommen werden. Es empfiehlt sich, die Angaben anhand des Beipackzettels und der entsprechenden Fachinformationen zu überprüfen. Aufgrund der Auswahl häufig angewendeter Arzneimittel besteht kein Anspruch auf Vollständigkeit.

Die Wiedergabe von Warenbezeichnungen, Handelsnamen und sonstigen Kennzeichen in diesem Buch berechtigt nicht zu der Annahme, dass diese von jedermann frei benutzt werden dürfen. Vielmehr kann es sich auch dann um eingetragene Warenzeichen oder sonstige geschützte Kennzeichen handeln, wenn sie nicht eigens als solche gekennzeichnet sind.

Es konnten nicht alle Rechtsinhaber von Abbildungen ermittelt werden. Sollte dem Verlag gegenüber der Nachweis der Rechtsinhaberschaft geführt werden, wird das branchenübliche Honorar nachträglich gezahlt.

Dieses Werk enthält Hinweise/Links zu externen Websites Dritter, auf deren Inhalt der Verlag keinen Einfluss hat und die der Haftung der jeweiligen Seitenanbieter oder -betreiber unterliegen. Zum Zeitpunkt der Verlinkung wurden die externen Websites auf mögliche Rechtsverstöße überprüft und dabei keine Rechtsverletzung festgestellt. Ohne konkrete Hinweise auf eine solche Rechtsverletzung ist eine permanente inhaltliche Kontrolle der verlinkten Seiten nicht zumutbar. Sollten jedoch Rechtsverletzungen bekannt werden, werden die betroffenen externen Links soweit möglich unverzüglich entfernt.

Autorinnenfoto: Angela & Lutz Stoess, Photographie, Bildermanufaktur Murnau.
www.fotografie-stoess.de.
Zeichnungen: Astrid Pehrs Malerei. www.astridpehrs.de.

1. Auflage 2024

Alle Rechte vorbehalten
© W. Kohlhammer GmbH, Stuttgart
Gesamtherstellung: W. Kohlhammer GmbH, Stuttgart

Print:
ISBN 978-3-17-044361-7

E-Book-Formate:
pdf: ISBN 978-3-17-044362-4
epub: ISBN 978-3-17-044363-1

Gewidmet Ortrud Grön (1925–2020)

Inhaltsverzeichnis

Einstimmung   **11**

1   **Bevor wir beginnen**   **19**

1.1	Das Traumbuch des Artemidor	19
1.2	Die Wende mit Freud	21
1.3	Die Vermessung des Traumes	23
1.4	Träumen heißt zukünftig sein	25
1.5	Homöostase – Träume halten die Balance	26
1.6	Wir träumen in Bildern aus gutem Grund	27

2   **Die Grundannahmen der Traumarbeit**   **31**

2.1	Eine Störung löst einen Traum aus	31
2.2	Träume sind konstruktiv	33
2.3	Alle Träume einer Nacht gehören zusammen	35
2.4	Der Traum versinnbildlicht ein Selbstverhältnis	35

3   **Die Suchbewegung des Traumes**   **37**

3.1	Die Standortbestimmung	37
3.2	Die Zuspitzung des Problems	39
3.3	Die Erkenntnis einer Lösung	40
3.4	Die neue Lebensgestalt	41
3.5	Die Umsetzung	42
3.6	Der Umgang mit Widerständen	42
3.7	Der Blick zurück in die Kindheit	43
3.8	Die befreite Lebensgestalt	44
3.9	Selbstführung	44
3.10	Angekommen!	48

3.11	Zusammenfassung der Sinnstruktur jedes Traumes	48
4	**Das Reich der Metaphern**	**50**
4.1	Wie wir denken, wie wir handeln: Personen im Traum	53
4.2	Wie wir uns wozu im Leben eingerichtet haben: Häuser, Räume, Interieurs, Dörfer und Städte	66
4.3	Wie wir unterwegs sind: Fahrzeuge im Traum	72
4.4	Wie es um unseren Gefühlshaushalt bestellt ist: Wasserbilder im Traum	76
4.5	Was machen die Gedanken? Die luftigen Bilder im Traum	78
4.6	Wie wir uns verhalten: Tiere im Traum	79
4.7	Wie wir über uns selbst hinauswachsen: Das Pflanzenreich im Traum	93
4.8	Der schöpferische Grund: Die Erde	101
4.9	Licht und Schatten und unsere Einzigartigkeit: Sonne, Mond und Sterne im Traum	103
4.10	Wie wir gestimmt sind: Farben, Landschaften und Perspektiven im Traum	107
4.11	Häufige Sujets im Traum	116
4.12	Ein Sonderthema: Zahlen im Traum	120
5	**Lesen des Traumes**	**125**
5.1	Die Metapher erschließen	125
5.2	Vom Umgang mit Träumen anderer	136
5.3	Träume in Therapie, Beratung und Coaching	138
5.4	Pfadfinder zur Traumhebung	144
6	**Leben mit Träumen**	**146**
6.1	Das Traumnotat	146
6.2	Im Raum der Selbstbegegnung	149

6.3	Vom Lebensmuster zur Lebensmelodie	154
6.4	Die Poetisierung des Lebens	157
6.5	Das Aufscheinen des Humors	160
6.6	Die häufigsten Fragen im Umgang mit Träumen	165
7	**Schlusswort**	**171**
Dank		**173**
Literaturverzeichnis		**175**

Einstimmung

»Nacht für Nacht hatte ich denselben Traum [...]

Ich träumte, ich hätte ein Kind,
und noch im Traum sah ich,
dass es mein Leben war,
und es war ein Idiot,
und ich lief davon. [...]

Ich dachte mir, wenn ich es küssen könnte, was da von mir vorhanden war,
vielleicht könnte ich dann wieder schlafen.
Und ich beugte mich über das entstellte Gesicht,
es war furchtbar... aber ich küsste es.

Ich glaube, [...] man muss schließlich das eigene Leben in die Arme nehmen.«
(Miller, 2009)[1]

Nur Mut!

Es braucht den Mut, um die Tür zu den Träumen zu öffnen. Sie werden auf Schönes und Hässliches stoßen, auf Skurriles und Unvordenkliches. All das sind Sie. Wer mit seinen Träumen ins Gespräch kommt, begegnet sich selbst in einer ungewohnten Dimension. Manchmal kann das bedeuten, dass Sie gründlich erschrecken und Ihr Leben durcheinandergewirbelt wird.

Bei mir war das so. Doch durch meinen eigenen inneren Prozess, meine Forschungsarbeit und der Erfahrung mit vielen Menschen, die

---

[1] Auszug aus: After the Fall by Arthur Miller. Copyright © Arthur Miller, 1964, copyright renewed © Arthur Miller, 1992, used by permission of The Wylie Agency (UK) Limited.
 Übersetzung: Arthur Miller, Nach dem Sündenfall. In der Übersetzung von Hans Sahl. © 2009 S. Fischer Verlag GmbH, Frankfurt am Main.

Einstimmung

ich in der Begegnung mit ihren Träumen begleiten durfte, kann ich Ihnen versichern: Sie werden reich beschenkt werden und Ihr Leben neu in die Arme schließen können!

Das Reservoir der Träume ist ein unermesslicher Reichtum, der Ihnen zur Verfügung steht, um tiefer in ein authentisches Leben hineinzuwachsen.

Nacht für Nacht webt der Traum den Stoff, den wir brauchen, um aus dem nächsten Tag das Beste zu machen. In 30 Lebensjahren träumen wir gut 10.000 Nachtträume. Haben wir das 60. Lebensjahr überschritten, sind es mehr als 20.000 Träume.

Nacht für Nacht sucht der Traum nach Antworten auf die existenziellen Fragen unseres Lebens. Unaufhörlich knüpft er dazu aus Erinnerungsfäden kreativ neue Muster, um uns zum Bestmöglichen zu führen. Nacht für Nacht, was für ein Luxus! Wenn wir uns nur an unsere Träume erinnern könnten! Wenn wir sie nur zu lesen wüssten!

Über dieses Buch

Mit diesem Buch möchte ich die Ernte meiner jahrzehntelangen Auseinandersetzung als Therapeutin mit dem Phänomen »Traum« geordnet und gewogen an Menschen weitergeben, die ihre eigenen Träume oder im beruflichen Kontext die Träume anderer Menschen besser verstehen wollen.

Dieses Buch möchte einen Beitrag dazu leisten, den Reichtum der Träume für unser Wachleben mehr und besser zu nutzen:

- zur konstruktiven Bewältigung von Krisen
- als Lebenshilfe bei Traumata
- als Entscheidungshilfe
- für die kreative und lustvolle Lebensgestaltung entlang unserer Potenziale

Mehr denn je sind wir auf kreative Ideen angewiesen und auf den Mut, unser Leben neu und anders zu gestalten. Nicht im wilden Aktionismus in die Welt hineinfahrend, sondern in der Weite des Verweilens bei sich, dem anderen und dazwischen. Träume allein können die Welt nicht retten. Doch Menschen, die ihre Träume verstehen, könnten einen wesentlichen Beitrag dazu leisten, das Potenzial ihrer Vernunft und Empathie für eine bessere Welt zum Wirken zu bringen.

Da Sie sich für dieses Buch entschieden haben, gehören Sie vermutlich zu den Menschen, die – das tun längst nicht alle – ihren nächtlichen Träumen Bedeutung beimessen und mehr darüber erfahren wollen. Vielleicht ahnen Sie auch, dass Sie von Träumen umgeben sind und bedauern es, sich kaum an sie erinnern zu können. Sie suchen einen Zugang zu Ihren Träumen. Oder ist es im Gegenteil so, dass Sie von einem wiederkehrenden Traum »heimgesucht« werden, der Ihnen alles andere als angenehm ist? Würden Sie diesen Traum gerne loswerden und etwas Schöneres träumen?

Vielleicht sind Sie der Welt der Träume in Filmen oder der Literatur begegnet und möchten mehr über die »Faszination Traum« erfahren. Auch dann wären Sie hier richtig.

Wenn Sie im therapeutischen oder beratenden Setting arbeiten, möchten Sie die Träume Ihrer Klienten mehr in Ihre Arbeit mit einbeziehen? Träume geben einen unmittelbaren Zugang zum Träumenden frei. Was es zu beachten gilt, wenn wir uns als Therapeut oder Berater in den Träumen anderer zu bewegen suchen, auch darauf gehe ich in diesem Buch ein.

Nicht behandeln werde ich das Thema »Luzides Träumen« – so nennt man die Praxis, die in das Traumgeschehen steuernd eingreift. Mein Interesse gilt dem »naturbelassenen« Traum.

Was dieses Buch sicher nicht ist: Es ist kein Traumlexikon, in dem Sie nachschlagen und das Ihnen sagt, der Hund in Ihrem Traum der letzten Nacht bedeute die Treue zu sich selbst, oder Zahnausfall kündige Krankheit und Tod an. Diese Art, Zugriff auf die Träume zu nehmen, täte Ihrer Seele und dem Traum Gewalt an. Anzunehmen, Träume könnten in dieser Weise gedeutet werden, ist ebenso falsch wie die Ansicht, Träume seien bedeutungslos.

Wie könnte der Hund in meinem Traum derselbe sein, wie der Hund in Ihrem Traum? Abgesehen davon, dass es ganz unterschiedliche Hunde gibt und Sie und ich ganz verschiedene Erfahrung mit Hunden gemacht haben könnten, verkürzen Traumlexika den Traum zu einer Aneinanderreihung von Vokabeln. Keinen einzigen Satz könnten wir richtig verstehen, geschweige denn den Sinn eines Textes erschließen, wenn wir die Worte für sich genommen, aus dem Kontext gelöst, zu verstehen suchten. Die gleichen Worte in unterschiedlicher Reihenfolge ergeben einen anderen Sinn. Schönstes Beispiel: »Ich liebe Dich!« hat eine andere Bedeutung als »Dich liebe ich!«

Genauso verhält es sich mit Träumen: Der Traum ist ein persönlicher Text aus Bildern. Die Sinnstruktur dieses Bildtextes entspricht der Psycho-Logik eines Bewusstwerdungsprozesses. Wir können Träume nur verstehen, wenn wir die Metaphern im Kontext dieses Bewusstwerdungsprozesses lesen. Jedes Detail im Traum ist wichtig. Jedes Detail im Gesamttext des Traumes verstehen zu lernen, das ist die Aufgabe, vor die uns das Bilderrätsel des Traumes stellt.

Der Traum ist eine Kostbarkeit, die mich stets aufs Neue staunen und bewundern lässt. Jeder Traum ist einzigartig wie jeder Träumer, jede Träumerin. Als Traumtherapeutin gebührt dieser Einzigartigkeit mein Respekt.

Who is who?

Was müssen Sie von mir wissen, um mir vertrauensvoll ins Land der Träume zu folgen?

In meiner Grunddisziplin als Pädagogin auf der Suche nach dem, was uns werden lässt, wer wir sind, eröffnete sich mir in der Auseinandersetzung mit dem Werk des jüdischen Religionsphilosophen Martin Buber die grundlegende Angewiesenheit des Menschen auf den Raum der Beziehung. Der Mensch stehe vom Anbeginn seines Lebens in Beziehung zu allem, was ihn umgibt, was ihn berührt, was ihn nährt, was ihn anspricht. Immer schon sei er in die Anrede des Gegenübers gestellt. Mit seiner existenziellen Antwort verantworte der Mensch sein Leben. Im Raum der Beziehung wird der Mensch zu dem, der er sein kann: »Ich werde am Du; Ich werdend spreche ich Du.« (Buber, 1997, S. 18.)

In zwei Weisen gestalte sich die Beziehung. Die eine ist die der Entgegensetzung: Ich hier und die Welt dort in Begriffe gefasst, gewusst, bekannt – verfügbar. Die andere Weise ist die Welt der Begegnung: Ich und Du, über die Begriffsgrenzen hinaus, im Zwischen sich unvordenklich ereignend – unverfügbar. »Alles wirkliche Leben ist Begegnung.« (ebd.).

Wie wäre es, wenn wir uns in unseren Träumen selbst begegneten?

Meine These ist: Der Selbstreflexion entlang der Träume wohnt ein Moment der Selbstbegegnung inne, der schöpferisch ist. Es entsteht etwas Neues. Nicht, dass da etwas Neues hinzukäme, sondern das, was als Möglichkeit des Seins bereits in uns liegt, wird in der Begegnung mit dem Traum ins Bewusstsein und in die Nähe der Verwirklichung gehoben. Werde, der du bist. Das ist das große Geschenk der Träume, das in jedem von uns geborgen liegt.

Als ich die Traumforscherin Ortrud Grön kennenlernte, hatte ich mein Pädagogikstudium abgeschlossen, mich in der Psychoanalyse gründlich selbst erforscht und stand mit drei Kindern mitten im Leben.

Ich erzählte Ortrud einen Traum:

In einer blitzsauberen Toilette, in einem blitzsauberen Klo schwimmen zwei Goldfische. Reflexartig möchte ich die Klospülung betätigen – Ende des Traumes.

Einstimmung

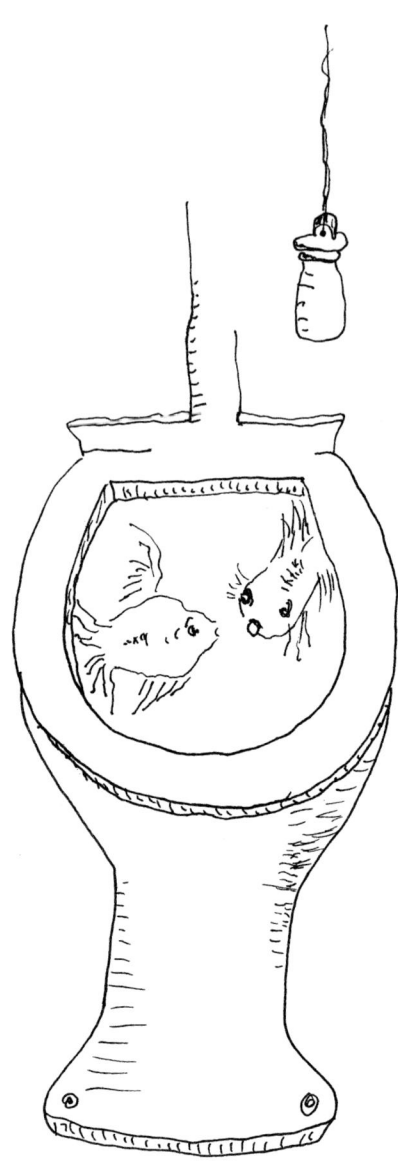

Einstimmung

»Welchen kreativen Impuls bist du im Begriff herunterzuspülen?«, fragte mich Ortrud.

Das war es! Es traf mich wie ein Blitz. Im Bestreben eine perfekte Mutter und Hausfrau zu sein, hatte ich meine kreative Muse, meine Malstunden, mein Schreiben, all das, was vor meinem Leben als Ehefrau und Mutter mein Dasein bunt bevölkert hatte, aus meinem Leben gebannt. Das fehlte mir. Hie und da blitzte ein Impuls auf, was ich wohl eher beängstigend und als Störung der neuen Lebensordnung empfand. Deshalb war ich geneigt, diesen Impuls immer schnell wieder von der Bildfläche verschwinden zu lassen. Ortruds Frage entlang meines Traumes machte mir unmittelbar bewusst, wie ich in meinem Alltag mit meinem Bedürfnis, kreativ zu sein, umging und ließ mich weiter fragen, wohin genau mich meine Sehnsucht führte. – So wollte ich auch arbeiten.

Ortrud und ihre ersten Dozenten bildeten mich in Traumarbeit aus und einige Jahre später wurde ich Dozentin für Traumarbeit an der von Ortrud Grön gegründeten Bayerischen Akademie für Gesundheit.

In eigener Praxis arbeite ich seit 17 Jahren in Einzel- und Gruppensitzung mit Menschen und ihren Träumen.

Als Paartherapeutin habe ich die Erfahrung gemacht, wie klärend und verbindend es sein kann, über die Träume mit sich und miteinander ins Gespräch zu kommen.

Therapeuten und beratenden Berufsgruppen biete ich Aus- und Fortbildungen an, um ihnen das Potenzial der Träume für ihre Klienten zu erschließen.

Zusammenfassend ließen sich die Veränderungen der Menschen, die ich in ihren Träumen begleiten durfte, so beschreiben: Menschen, die mit ihren Träumen ins Gespräch kommen, werden lebendiger. Es kehren die Wünsche in ihr Leben zurück, das Leuchten und die Tränen in ihren Augen. Die immer gleichen Klippen, an denen ihre Wünsche Schiffbruch erleiden, können umfahren werden oder anders ausgedrückt: Sie stehen sich weniger selbst im Wege. Stattdessen beginnen sie, Freundschaft mit sich selbst zu schließen. Das Spektrum der Denk- und Verhaltensmöglichkeiten wird weiter. Der Ideenreichtum nimmt zu. Heiterkeit kann Raum nehmen. Es darf auch

Einstimmung

gelegentlich über sich selbst herzlich gelacht werden. Menschen, die ihre nächtlichen Träume durchwandern, öffnen sich dafür, mit sich selbst neue Erfahrungen zu machen.

Das vorliegende Buch lädt Sie zu einer Reise in das Land der Träume ein. Wie ein guter Reiseführer, der Ihnen die Augen dafür öffnet, ein fremdes Land mit Empfindsamkeit und Verstand zu entdecken, gibt Ihnen dieses Buch Wissen an die Hand, das Sie an Ihre Träume heranführt. Ähnlich wie beim Erlernen einer Fremdsprache werden Sie die Sprache der Träume verstehen lernen. Dazu macht Sie das Buch mit der »Grammatik« der Träume vertraut und Sie lernen die »Vokabeln« kennen. Schließlich werden Sie immer mehr in ein Leben und auch Arbeiten mit dem Traum hineinwachsen.

»Aber auch alle Reisen haben eine heimliche Bestimmung, die der Reisende nicht ahnt.« (Buber, 2018)[2]

Viel Freude im Land der Träume!

Damit die Freude beim Lesen erhalten bleibt, habe ich mich für eine intuitive Verwendung des grammatischen Geschlechts und überwiegend für das generische Maskulinum entschieden. Es sind selbstverständlich immer beide, Sie, liebe Leserin, und Sie, lieber Leser, angesprochen!

---

2 Martin Buber, Schriften zur Bibelübersetzung © 2012, Gütersloher Verlagshaus, Gütersloh, in der Penguin Random House Verlagsgruppe GmbH.

1 Bevor wir beginnen

Wenn wir in ein fremdes Land reisen, ist es gut, sich ein wenig mit der Geschichte dieses Landes vertraut zu machen. Man versteht besser, womit man es heute zu tun hat, wenn man weiß, was vordem war.

1.1 Das Traumbuch des Artemidor

Interessieren wir uns heute für Träume, so reihen wir uns damit in eine Jahrtausende alte Tradition ein. Solange es Menschen gibt, den Homo Sapiens seit 300.000 Jahren (Damasio, 2021, S. 39), sind sie von Träumen umgeben. Träume gehören zum Menschen, wie seine Fähigkeit sich etwas vorstellen zu können. Und immer schon interessierten sich die Menschen für die Botschaft der nächtlichen Träume. Die älteste schriftliche Fixierung eines Traums ist auf 2.500 Jahre vor Christus datiert und stammt aus Südmesopotamien.

Das älteste uns vorliegende systematische Traumbuch wurde zwischen 100 und 200 nach Christus geschrieben: Das Traumbuch von Artemidor (Artemidor, 1979). Artemidor berichtet im Vorwort, dass es ihn lange schon dränge, dieses Buch zu schreiben, ihn aber zum einen die »Großartigkeit und Fülle der Erkenntnisse« abgehalten haben und zum anderen er auch die Kritik jener fürchte, die dem Traum weder eine »göttliche Vorsehung« noch eine »Weissagekunst« zusprechen, und die die Themen des Traumes lediglich als rhetorischen Stoff verwendeten. Auch habe er alle bereits zu diesem Thema geschriebenen Bücher gelesen und dabei festgestellt, dass viele Autoren voneinander abschreiben würden. Die große Nachfrage dränge ihn dazu, nun dieses, auf seinem Wissen und seiner Erfahrung basierende Buch zu schreiben (Artemidor, 1979, S. 7–9).

1 Bevor wir beginnen

Dies war die Situation 100 nach Christus! Erst gut 1.300 Jahre später wurde der Buchdruck erfunden! Vieles davon kommt uns heutigen Menschen bekannt vor: Das Interesse an den Träumen ist groß. Heute wie damals gibt es die Traumgläubigen und die Skeptiker.

Bereits in der Antike hatten die griechischen Philosophen Platon, Aristoteles und Epikur den Traum zum Gegenstand der wissenschaftlichen Untersuchung gemacht. Das ging vom Standpunkt der neuen skeptischen Akademie aus betrachtet nicht eben gut für den Traum aus. Es änderte aber nichts an der Traumgläubigkeit bis in die Reihen der Philosophen und Geschichtsschreiber.

Das Traumbuch von Artemidor, in fünf Bücher gegliedert, galt als das Handbuch der Traumdeutung, das helfen sollte, das »Traumgesicht« in die Gestaltung eines guten Alltags zu übersetzen.

Dazu eine Kostprobe aus dem dritten Buch, Kapitel 44: »Schaut jemand einen Brief und das, was in ihm geschrieben ist, so wird das Traumgesicht dem Inhalt entsprechend sich erfüllen; wenn nicht, bringt es doch in jedem Fall Glück; jeder Brief enthält ja ein ›Sei gegrüßt‹ und ein ›Leb wohl‹.« (Artemidor, 1979, S. 229).

Mich berührt diese Stelle stets aufs Neue, umspannen doch diese beiden Grußformeln das Programm der Träume: Eine von Herzen kommende Ansprache, die dem Träumer Respekt und Ehre erweist, verbunden mit dem Wunsch, das Leben möge ihm gut gelingen.

In den folgenden knapp 2.000 Jahren erfuhr der Traum einen vielgestaltigen Bedeutungswandel (Alt, 2008).

An dieser Stelle überspringe ich mehr als ein Jahrtausend in der Kulturgeschichte und extrahiere für unser Vorhaben Wegmarkungen und Wendepunkte, die im letzten Jahrhundert wesentlichen Einfluss darauf hatten, welche Bedeutung den Träumen zugemessen wurde. Die Neurowissenschaft spielte in dieser Geschichte eine schillernde Rolle.

1.2 Die Wende mit Freud

Der entscheidende Wandel in der Rezeption des Traumes sollte sich mit Sigmund Freud zu Beginn des 20. Jahrhunderts ereignen.

Bis zum Ausgang des 19. Jahrhunderts, exakt bis hin zu Freud und seinem epochalen Werk »Die Traumdeutung«, wurden Träume in ihrem Ursprung überindividuell gedeutet. Träume galten als Botschaften transzendentaler, mystischer Kräfte, quasi ohne Bezug zu dem jeweiligen Träumer. Der Träumer war lediglich Empfänger. Die im christlichen Kulturkreis bekannteste Quelle hierfür ist die Bibel. Das Alte Testament ist reich an Träumen, in denen Gott zu ausgewählten Menschen spricht, ihnen Visionen und Richtungsbestimmungen für die Zukunft übermittelt.

Mit Freud änderte sich die Blickrichtung auf den Traum radikal. Für den österreichischen Arzt und Tiefenpsychologen war der Traum ein Indiz für das persönliche Unbewusste. Er war sich der Bedeutung, der durch »Die Traumdeutung« vollzogenen Wende, bewusst. Obwohl das Werk 1899 erschienen ist, bestand Freud auf das Erscheinungsjahr 1900.

»Die Traumdeutung ist die Via Regis zur Kenntnis des Unbewussten im Seelenleben.« (Ermann & Huber, 2021, S. 35 ff.). »Kenntnis« nicht »Erkenntnis«! Das Unbewusste ist also nicht als ein Ort zu verstehen, den man erkennen und an den man sich hinbegeben könne. Der Traum war zunächst allein das Indiz dafür, dass es ein Unbewusstes als geistiges Prinzip gäbe. Aus der anfänglichen Arbeit mit den eigenen Träumen schuf Freud das Instanzenmodell Es, Ich und Über-Ich und begründete so eine Theorie des Seelenlebens und ein objektivierendes, wissenschaftliches Verfahren, um die Psyche zu analysieren: die Psychoanalyse.

Freuds Konzept des Unbewussten war eng mit dem Prozess der Verdrängung verbunden. Im ausgehenden 19. Jahrhundert folgte Freud der Zeitströmung, sich vor allem mit der unterdrückten Sexualität zu befassen. Was im Wachleben am Ausdruck gehindert werde, versuche sich nachts dem schlafenden Bewusstsein aufzudrängen. Der Traum setze unseren Triebwünschen die »Narrenkappe« auf und verhülle sie so, damit wir nicht vor ihnen erschreckten und aufwachten. Freud sprach deshalb vom Traum als »Hüter des Schlafes« (Ermann & Huber, 2021, S. 43 ff.).

Die Leistung des Traumes sei es, die ins Bewusstsein drängenden Triebwünsche zu verhüllen. Dazu bediene sich der Traum der Entkopplung, Verdichtung und Verschiebung. Dies nannte Freud die Grammatik des Traumes. Begehre der Träumer ein Fräulein Rose, träume er von einer Rose. Ein Zimmer im Traum verdecke den Wunsch nach einem Frauenzimmer, die Zimmertüren sprachen indirekt von den Öffnungen des weiblichen Körpers, durch die man ein- und austreten könne.

Jung wendet nochmals

Sein Schüler C. G. Jung sah das andersherum. Nicht Verhüllung, sondern Enthüllung sei die Funktion des Traumes. Der Traum sei eine Botschaft an das Ich. Der Traum enthülle das Unbewusste konstruktiv, mache Mitteilung über ungelebte Anteile der Persönlichkeit und sei darin lösungsorientiert (Ermann & Huber, 2021, S. 57).

Trotz dieser erheblichen Differenz in der Sicht auf die Funktion des Traumes, gingen sowohl Freud als auch Jung von einem Wunsch aus, der den Traum auslöse. Freud hätte gerne den Traum neurowissenschaftlich belegt, doch damals war die Neurowissenschaft noch nicht so weit.

1.3 Die Vermessung des Traumes

Als die Neurowissenschaft in den 1970er Jahren so weit war, gereichte dies der Psychoanalyse zunächst nicht zum Nutzen, sondern führte zu deren empfindlichen Demontage. Aus der Beobachtung heraus, dass Träume nicht dem Vorderhirn entstammen, welches für Wünsche, Motive und Ziele zuständig ist, sondern vom Hirnstamm ausgehen, folgerten die Neurowissenschaftler Hobson und McCarly, dass Träume »motivational neutral« seien (Solms & Turnbull, 2004, S. 201).

Sie entwickelten das REM-Schlaf-Modell, das besagt, der Traumschlaf finde in den Phasen starker Augenbewegungen statt. Das Aktivierungs-Synthese-Modell lautete: Das Vorderhirn mache zu den im Rhythmus von 90 Minuten entstehenden Aktivierungen aus dem Hirnstamm gute Miene zum bösen Spiel, indem es aus den unvollständigen Bildern eine sinnvolle Erfahrung konstruiere. Träume seien Schäume (Solms & Turnbull, 2004, S. 204).

Hobson beantragte 1976 auf der Jahrestagung der Psychiatrischen Vereinigung eine Abstimmung darüber, ob Freuds Traumtheorie weiterhin wissenschaftlich haltbar sei. Mit überwältigender Mehrheit wurde gegen Freud abgestimmt (ebd.). Die Stimmung begann sich gegen die Psychoanalyse zu wenden.

40 Jahre später ist die Gleichung REM-Schlaf = Traumschlaf nicht mehr haltbar: »[...] die Auffassung, dass Träume nicht durch Vorstellungen hervorgerufen, sondern durch einen ›motivational neu-

traler Prozess ausgelöst würden, [ist] völlig unangemessen.« (Solms & Turnbull, 2004, S. 221).

Wir träumen auch in Non-REM-Phasen. Das können wir bei einem kurzen Mittagsschlaf beobachten oder bei oft unmittelbar nach dem Einschlafen aufscheinenden Träumen.

Der Neurowissenschaftler und Traumforscher Mark Solms aus Kapstadt geht sogar davon aus, dass wir nicht nur nachts träumen, sondern immer, also auch tagsüber. Permanent würde unser Gedankenstrom, der in weiten Passagen eine Wiederholung des bereits Gedachten sei, von einem Traum umgeben oder getragen sein. Diese Vorstellung äußerte bereits C. G. Jung. Durch Tagträume, Meditation und das Üben von Achtsamkeit könnten wir die Verbindung zu diesem Strom des Unbewussten aufnehmen.

Inzwischen wissen wir auch, dass nicht nur der Mensch ein Träumender ist. Auch Katzen, Hunde, Mäuse und Ratten träumen.

Mit den wachsenden Möglichkeiten der Neurowissenschaft, das Bewusstsein empirisch zu erforschen und die Traumaktivität im Gehirn zu beobachten, hat sich die Einschätzung der Bedeutung des Traumes wieder zu dessen Gunsten geändert. Geistige Phänomene wie der Traum und seine Bedeutung lassen sich durch Hirnstrommessungen nicht verifizieren. Doch die neuesten Erkenntnisse der Neurowissenschaft können die Grundannahmen der modernen Traumarbeit und insbesondere der Traumarbeit nach Ortrud Grön plausibel stützen. Selbst Hobson, der ehemals große Kritiker der Traumtheorie, führte neben seinen Forschungen ein Traumtagebuch und berichtete in einem Interview: »Heute glaube ich, Träume sind wichtig. Sie handeln von den grundlegenden Dingen des Lebens – Gefühlen, Bewegungen, Wahrnehmungen. Träumend trainiert das Gehirn den Umgang damit: es übt für den Tag.« (Klein, 2013).

1.4　Träumen heißt zukünftig sein

Eric Kandel erlebte zwei Tage nach seinem neunten Geburtstag, wie die Nationalsozialisten die Wohnung seiner Familie in Wien plünderten. Die jüdische Familie flüchtete aus Österreich. Er und sein Bruder trafen 1939 in New York ein. Erst Monate später gelang es den Eltern nachzukommen. Kandel strebte der Wissenschaft zu und wollte zunächst Historiker werden, dann Psychoanalytiker und wurde seiner Intuition folgend schließlich Hirnforscher (Kandel, 2014, S. 456 ff.) und einer der bedeutendsten Gedächtnisforscher unserer Zeit. Seine mit dem Nobelpreis ausgezeichnete Forschungsarbeit hat die für das Menschsein fundamentale Leistung des Gedächtnisses in unser Bewusstsein gerückt. Bewegungsabläufe, Sprache, Identität sind Gedächtnisleistungen. Der an Demenz erkrankte Mensch führt uns die existentielle Dimension des Verlustes des Gedächtnisses vor Augen. Wir sind, woran wir uns erinnern.

Andererseits: Wenn wir sind, woran wir uns erinnern, wären wir dann nicht Artefakte der Vergangenheit? Welchen Raum nimmt die Zukunft in uns ein? Unser Gehirn verfügt neben der Gedächtnisleistung über Fähigkeiten, die uns über unsere Geschichte hinauswachsen lassen: die Fähigkeit zu lernen und die Fähigkeit zu träumen. Beides hängt gehirnphysiologisch zusammen.

Die rumänische Hirnforscherin Hannah Monyer untersuchte das Schlafmuster von Mäusen und Ratten, nachdem diese sich tagsüber in einem neuen Raum zurechtfinden mussten. Sie stellt in ihrer Forschungsarbeit das Spezifische der Traumleistung im Unterschied zur Gedächtnisleistung vor: In den Tiefschlafphasen wird das am Tag Gelernte konsolidiert. Das, was sich bewährt hat und uns auch künftig weiterhilft und daher für uns wichtig sein kann, wird in einem Replay verdichtet und im Gedächtnis abgespeichert. Unwichtiges wird dabei übersprungen und damit dem Vergessen anheimgegeben (Monyer & Gessmann, 2015, S. 83 ff.). Ohne diese Leistung des Gedächtnisses müssten wir uns jeden Tag neu erfinden. Identität wäre nicht möglich.

Traumphasen arbeiten anders, Traumphasen setzen auf Entwicklung. In den Traumphasen geht es um ein »Neuarrangement« (Monyer & Gessmann, 2015, S. 92), eine Horizonterweiterung, um sich im noch nicht Dagewesenen zurechtzufinden, um in den Herausforderungen des Lebens lebendig zu bleiben.

Das Phantastische dieser Leistung des Unbewussten ist nicht nur die Auswahl, sondern die Kreativität, mit der Erfahrungen und gespeichertes Wissen zu neuen Mustern verknüpft werden. So erinnert uns der Traum nicht nur an Fähigkeiten, mit denen wir ähnliche Herausforderungen in der Vergangenheit gut gemeistert haben. Der Traum webt aus dem Brauchbaren etwas Neues, ein Potenzial, das wir jetzt benötigen, um die stets neuen Herausforderungen des Lebens zu bewältigen.

Hannah Monyer fasste die Ergebnisse der empirischen Forschung zusammen:

> »Alles, was uns aus dem Tagerleben kommend naheliegt, wird jetzt in einen größeren Zusammenhang gebracht. Neue Quellen tun sich im Traum auf und führen dazu, dass bislang Selbstverständliches in einer neuen Umgebung und neuen szenischen Einfassung wahrgenommen wird. [...] Träume wollen demnach, um es ganz einfach zu sagen, immer das Beste aus uns herausholen. Sie wollen uns helfen, unsere Talente und Anlagen zu erkennen und zu entfalten, sie wollen uns zu dem hinführen, was wir eigentlich sind oder zumindest sein sollten« (Monyer & Gessmann, 2015, S. 106–108).

Träume sind der Ausdruck unserer Suche nach dem Bestmöglichen.

1.5   Homöostase – Träume halten die Balance

Der Neurowissenschaftler Antonio Damasio ist der Entstehung des Bewusstseins seit 30 Jahren auf der Spur. Sein Werk macht Staunen darüber, welche Balancearbeit in jedem Augenblick bis in die kleinste Zelle hinein geleistet werden muss, um schlicht am Leben zu bleiben:

Nahrung finden und verarbeiten, Umwandlung in Treibstoff für den Körper, Abtransport von Abfallstoffen, das Gleichgewicht dieser Prozesse. Jede Zelle leistet das, muss das leisten, um am Leben zu bleiben. Diese grundlegende, physiologische Homöostase wird unbewusst reguliert. Die soziokulturelle Homöostase, die evolutionär Jahrmilliarden später erst ihre Entwicklung nahm, hat das Ziel der gemeinschaftlichen Homöostase-Leistung vom Überleben zum Leben erweitert. Das Ziel der soziokulturellen Homöostase ist das gezielte Streben nach Wohlbefinden (Damasio, 2011, S. 39).

Meine These ist: Träume stehen im Dienst der soziokulturellen Homöostase und leisten ihren Beitrag dazu, dass wir uns körperlich und seelisch in unserem Leben wohlfühlen.

1.6 Wir träumen in Bildern aus gutem Grund

Träume könnten Klartext reden:
»Mach es so!«
»Unterlasse jenes!«
Es gibt kürzere und längere Textpassagen in Träumen. Überwiegend aber sprechen Träume in Bildern. Bilder sind Träger und Auslöser von Emotionen. Suchen wir über den Traum den passenden nächsten Schritt in unserer aktuellen Lebenssituation, nähern wir uns diesem also über die Emotion und nicht durch angestrengtes Nachdenken. Dies ist ganz im Sinne des Lebens. Die Neurologie liefert auch hierzu interessante Erkenntnisse.

In der Entwicklung des Lebens zeigt sich die Reihenfolge »Fühlen vor Denken« (Damasio, 2011, S. 23 ff.). Die ersten Zellen spürten mit welcher anderen Zelle sie sich am besten verknüpfen könnten, um ihr Überleben zu sichern. Evolutionär waren am Anfang nicht das Wort und der Gedanke, sondern das Gespür. Daraus entwickelte sich das Fühlen und schließlich, viel später, die Kognition, das Bewusstsein. Diese Entwicklung durchläuft auch der Mensch im Verlauf seines

Lebens. Das Milieu im Mutterleib wird gespürt. Die frühesten Kindheitserfahrungen sind ausschließlich gefühlte. Auch als erwachsene Menschen bewegen wir uns meist schon eine ganze Zeit in einem Gefühl, bevor wir es bewusst erleben, also bedenken und benennen können. Descartes Satz »Ich denke, also bin ich« wandelt der Neurowissenschaftler Damasio um in: »Ich fühle, also bin ich« (Damasio, 2013, S. 39).

Damasio führt dies weiter aus:

> »Merkwürdigerweise sind Emotionen ein wesentlicher Bestandteil der Regulation, die wir Homöostase nennen. [...] Offenbar ist vernünftiges Denken ohne den Einfluss der Emotion nicht möglich. Wahrscheinlich leistet die Emotion einen wesentlichen Beitrag zum Denken, besonders, wenn es um persönliche und soziale Probleme geht, die mit Risiko und Konflikt zu tun haben« (Damasio, 2013, S. 54 ff.).

Damasio berichtet von einem Mann, der nach der erfolgreichen Entfernung eines Hirntumors, obwohl er an Denkvermögen keinerlei Einbuße erlitten hatte, nicht mehr in der Lage war, verantwortliche Entscheidungen zu treffen, weil die dazugehörigen Emotionen nicht mehr empfunden werden konnten (Damasio, 2015, S. 64 ff.).

Meine Annahme lautet: Wir träumen deshalb in Bildern, weil wir für die richtige Antwort im Leben auf die Zusammenarbeit von Verstand und Gefühl angewiesen sind. Um es sinngemäß mit den Worten aus »Der kleine Prinz« zu formulieren: Wir erkennen nur mit dem Herzen gut. Indem wir die mit Emotionen gesättigten Traumbilder befragen und sie bedenkend umkreisen, kommunizieren die linke und rechte Gehirnhälfte, Fühlen und Denken, vortrefflich miteinander. Traumarbeit macht gefühlte Erkenntnis möglich.

Das möchte ich an einer Traumarbeit verdeutlichen, die sich am Rande ereignete, konkret am Rande eines Stadtparks:

> An einem heißen Sommertag saß ich an einen mächtigen Baum gelehnt im knisternden Gras und schrieb an diesem Buch. Etwas unterhalb im fast ausgetrockneten Bachbett spielte eine Handvoll halbwüchsiger Kinder müde im verbliebenen Rinnsal des Stadt-

1.6 Wir träumen in Bildern aus gutem Grund

bachs. In die Hitze und das Schreiben versunken, hatte ich nicht gemerkt, dass die Kinder auf mich aufmerksam geworden waren. Plötzlich standen sie um mich herum.

»Bist du eine Autorin?«

»Ja.«

»Und was schreibst du für ein Buch?«

»Ein Buch über Träume.«

»Oh«, sagte ein etwa 10-jähriges Mädchen mit aufleuchtendem Blick. »Ich habe heute Nacht geträumt, ich würde auf einer Wolke fliegen.«

»Und, was war das für ein Gefühl?«

Ach, es sei herrlich gewesen! Sie habe auf ihre kleine Welt hinuntergeschaut und das hätte so niedlich ausgesehen.

»Wie geht es dir zurzeit so in deiner Welt?«

Da sank das strahlende Mädchen in sich zusammen und sein Blick verfinsterte sich. Nicht so gut, sie hätte gerade einen schlimmen Streit mit ihrer besten Freundin.

»Na, dann könnte dir der Traum doch vielleicht raten, das Ganze mal von oben zu sehen, wie heute Nacht von einer Wolke aus. So, als würdest du darüber fliegen.«

Da war es wieder, das Leuchten! »Cool! Danke für die Info!«

Sie strahlte und hüpfte von dannen.

So geht Traumarbeit! Das Mädchen hatte über die Verknüpfung des Traumbildes – das herrliche Gefühl beim Fliegen – mit dem Problem – der Streit mit der Freundin – unmittelbar und ganzheitlich, mit Kopf und Herz verstanden, welche innere Haltung sie in dieser Situation weiterbringen würde. Die Ganzheitlichkeit der Erkenntnis drückte sich sowohl in ihrer Körpersprache als auch in ihren Worten aus: »Cool« bedeutete, dass das niederdrückende Gefühl über den Streit abgekühlt war. »Danke für die Info!« hieß, dass sie zugleich Bescheid wusste und sich dies mit einem Gefühl der Dankbarkeit verband.

1 Bevor wir beginnen

Das glückliche Strahlen des Mädchens bedeutete mir, dass der Dank keine leere Floskel der Höflichkeit war, sondern der Ausdruck für ein bereits eingetretenes Gefühl der Befreiung. Hätte ich, ohne den Traum zu Hilfe zu nehmen, dem Mädchen in dieser Situation geraten, den Streit aus einer anderen, distanzierteren Perspektive zu betrachten, so hätte sie das kognitiv verstehen können, doch diese Erkenntnis hätte vermutlich nicht ihr Gefühl erreicht.

Lust tiefer einzutauchen? Jetzt sind wir bereit für die Reise.

2 Die Grundannahmen der Traumarbeit

2.1 Eine Störung löst einen Traum aus

Eine Situation, in der wir nicht weiterwissen und vertraute Denk- und Verhaltensmuster nicht greifen, stört das innere Gleichgewicht und löst einen Traum aus. Es muss nicht unbedingt eine Not sein, es kann auch ein nie dagewesenes Glück sein, das uns aus der Balance bringt.

Wenn ein Kind geboren wird, wir uns verlieben, ein erbitterter Gegner uns ehrlich die Hand reicht, wir ein überraschendes Stellenangebot bekommen oder im Lotto gewinnen: All das ist neu, da kennen wir uns nicht aus und geraten aus dem gewohnten Tritt. Obwohl wir glücklich sind, kommen wir doch durcheinander und dürfen uns erstmal gründlich neu (er-)finden. Der Traum hat dazu Ideen.

Ein Ungleichgewicht kann auch durch eine unaufgelöste Entscheidungssituation gegeben sein. Widerstreitende Gedanken und Gefühle entzweien uns. Gut gemeinte Ratschläge wie: »Entscheide dich für das, was sich für dich stimmig anfühlt.« klingen in solchen Situationen wie blanker Hohn. Denn gerade das ist es ja, was den inneren Widerstreit auslöst: es fühlt sich sowohl die eine als auch die andere Entscheidungsmöglichkeit stimmig an.

Beziehungskonflikte sind oftmals auch Auslöser für Träume. Der Traum hilft uns, die Gefühle des Verletztseins, der Ohnmacht, der Wut, der Reue, der Scham, das Gefühl des Nichtgenügens zu verstehen und unter diesen Umständen besser für uns zu sorgen.

Veränderungen, die unseren Lebensstil betreffen, können Träume auslösen. Anstelle einer ungesunden Gewohnheit eine neue Verhaltensweise auszuprobieren, das fühlt sich nicht sofort gut an, sondern zunächst mehr wie gegen den Strich gekämmt. Denn Körper und Geist sind eingespielt auf das ungesunde, doch vertraute Verhaltensmuster. Der Traum hilft uns dranzubleiben und eine neue gesunde Gewohnheit zu entwickeln.

Meist sind es Krankheiten, nicht mehr wegzudiskutierende Schwierigkeiten in Beziehungen und Krisen, die uns dazu bewegen, über uns selbst hinauszuwachsen. Es gibt keinen Grund, die Komfortzone oder ein Winning Team zu verlassen, solange alles rund läuft.
Leben ist Veränderung. Glück und Not fordern uns heraus, neue Lebensantworten zu entwickeln. Krisen zwingen uns zu Neuanfängen. Mind the gap! An den Bruchstellen des Lebens, dort wo wir nicht weiterwissen, beginnt unsere Chance, zu neuen Ufern aufzubrechen.

2.2 Träume sind konstruktiv

Der Traum sucht nach Wegen, das Leben weiterzuentwickeln. Träume lassen sich als persönliches Evolutionssystem begreifen. Für die Herausforderungen des Lebens suchen sie die beste Antwort in uns ins Bewusstsein zu heben.

Dazu muss das Problem klar analysiert werden. Träume gehen ohne Umschweife an die Stelle, an der unsere realen Träume Schiffbruch erleiden. Träume bilden schnörkellos ab, wie wir uns selbst verhindern. »In meinen Träumen läutet es Sturm« (Kaléko, 2014, S. 142) schreibt die Dichterin Mascha Kaléko. Das trifft es sehr genau. Der nächtliche Traum ist ein unbestechlicher Spiegel – mit Weckfunktion.

Deshalb sind Träume manchmal alles andere als traumhaft. Wenn wir im realen Leben von einem »Traum« sprechen, dann meinen wir damit eine Vision von einem besseren Leben oder die ultimative Erfüllung unserer Wünsche und Vorstellungen. Wir sprechen von einem »Traum-Mann«, dem »Traumhaus«, einem »Traumurlaub«, einer »traumhaften« Geschichte, und meinen damit, »besser geht's nicht« und »zu schön, um wahr zu sein«. Mit den nächtlichen Träumen ist es überwiegend andersherum. Ja, es gibt wunderschöne Träume. Das sind die sogenannten »Bestätigungsträume«, wenn wir einen Entwicklungssprung gemeistert haben. Doch viel öfter ist es so,

2 Die Grundannahmen der Traumarbeit

dass wir erleichtert aufwachen und froh sind, dass es nur ein Traum war und er eben nicht wahr ist.

Träume können grell sein, sie können irritieren, zutiefst erschrecken und auf den ersten Blick abstoßend oder völlig sinnlos erscheinen.

Manchmal ziehen wir dadurch die falschen Schlüsse, weil wir vom emotionalen Eindruck des nächtlichen Traumgeschehens befangen sind. Da ist es gut, sich die Augen zu reiben, die emotionale Einfärbung durch den Traum etwas abzuschütteln und sich bewusst zu machen: der Traum will mir etwas über mich sagen und er meint es gut mit mir.

Träume sind keine Sonntagsspaziergänge, aber sie stehen immer auf unserer Seite. Wie auch immer Träume daherkommen, sie sind »Gutscheine« für ein gelingendes Leben.

2.3 Alle Träume einer Nacht gehören zusammen

Der Schlaf wird meist mehrfach in einer Nacht durch kurzes Aufwachen unterbrochen. Gleichwohl, alle Traumteile einer Nacht gehören zusammen und bilden einen Traum. Auch, wenn Sie nachts aufstehen, wenn sich völlig unterschiedliche Traumszenarien ergeben: Unser Gehirn setzt sich in einem Tag-Nacht-Rhythmus mit der entscheidenden Störung unseres inneren Gleichgewichts auseinander. Alle Traumteile einer Nacht bilden die eine Suchbewegung ab nach dem, was Sie wieder in die Balance bringen könnte.

2.4 Der Traum versinnbildlicht ein Selbstverhältnis

Im Traum geht es um den Träumer, um Sie. Das ist ein sehr ungewohnter Blick, schauen wir doch für gewöhnlich aus uns heraus auf die Welt. Nachts, wenn das Gehirn nicht mit der Wahrnehmung der es umgebenden Welt beschäftigt ist und der Körper ruht, schaut das Gehirn quasi in sich hinein. Der Traum ist eine Innenwahrnehmung. Der Traum sieht den Beginn einer Entwicklung in uns. So gesehen ist der Traum eine echte Zumutung. »It's up to you«, flüstert er uns zu.

> »Es kommt einzig darauf an, bei sich zu beginnen und in diesem Augenblick habe ich mich um nichts anderes in der Welt als um diesen Beginn zu küm-

mern. Jede andere Stellungnahme lenkt mich von meinem Beginn ab und schwächt meine Initiative dazu, vereitelt das ganze kühne und gewaltige Unternehmen. Der archimedische Mittelpunkt, von dem aus ich an meinem Orte die Welt bewegen kann, ist die Wandlung meiner Selbst […]«, schreibt Martin Buber (Buber, 2010, S. 37).

So, wie ich jetzt in der Welt bin, was macht das mit mir? So, wie ich in der aktuellen Situation auf andere Menschen reagiere, wie fühlt sich das an und welchen Grund gibt es dafür in mir?

In Beziehungskonflikten geht es dem Traum nicht um die Beziehung, den Streit mit dem anderen Menschen, sondern um die Gefühle, die der Konflikt im Innenraum des Träumers auslöst. Der Traum fordert uns auf, anstatt beim anderen bei uns selbst zu beginnen und er schenkt uns auch diesen Anfang.

Alle Szenarien im Traum stellen Wahrnehmungen unserer selbst vor. Der Traum thematisiert ein Selbstverhältnis, das »Sein-mit-mir«. Das bist du. Fang bei dir an.

3 Die Suchbewegung des Traumes

Die Traumforscherin Ortrud Grön entdeckte eine allgemeine Form, nach der sich die Suchbewegung eines jeden Traumes aufbaut (Grön, 2007, S. 31). Der Traum geht vom Problem aus und zielt auf die Lösung. Genauer betrachtet, lassen sich bis zu zehn unterschiedliche Phasen im Traum bestimmen. Grön nennt diese Phasen, die aus mehreren bildhaften Szenen bestehen können, »Bilder« (ebd.), vergleichbar den Akten in einem Theaterstück.

Sehr selten können Träume bis zum zehnten Bild erinnert werden. Oft geben Träume drei bis sechs, manchmal auch bis zu acht Bilder zu erkennen. Wie viele Bilder im Traum vorgestellt werden, ist nicht qualitativ zu werten. Quantum Satis. Der Traum geht so weit wie nötig.

Die Bilder der Suchbewegung bauen aufeinander auf. Dies entspricht einer Grammatik des Traumtextes als Bewusstwerdungsprozess, die das Verständnis der einzelnen Metaphern erst ermöglicht. Schauen wir uns die einzelnen Phasen des Bewusstwerdungsprozesses genauer an.

3.1 Die Standortbestimmung

Die Aufgabenstellung ist im ersten Bild des Traumes bereits angelegt. Der Anfang des Traumes stellt das Feld unserer inneren Auseinandersetzung vor. Wie in einem guten Buch oder einem Theaterstück, ist im Auftakt angelegt, was sich in der Folge entfalten wird. Bei genauerem Hinsehen kann der Anfang eines Traumes bereits eine

3 Die Suchbewegung des Traumes

Spannung, eine Frage ansatzweise oder auch deutlich fühlbar machen. Die vertiefte Betrachtung des Traumanfangs deckt die Herausforderung auf, mit der wir innerlich umgehen.

Kinder sind meist nah dran an ihrem inneren »Brennpunkt«. Erinnern wir uns an das Beispiel des Mädchens im Stadtpark, das der Streit mit der besten Freundin bedrückte. Im Laufe des Lebens entwickeln wir einen Persönlichkeitsstil, der Rollenerwartungen, berufliche Anforderungen und persönliche Bedürfnisse so gut wie möglich unter einen Hut bringt. Er ist darauf ausgelegt, das jeweilige Ziel des Lebensabschnitts zu erreichen und dabei Angst maximal zu reduzieren und Lust maximal zu gewinnen. Daran ist nichts falsch. Allein, es kann sich auf diesem Wege eine Strategie entwickeln, mit der wir uns schließlich selbst abhandenkommen. Martin Heidegger nennt es das »Man-selbst« (Heidegger, 1979, S. 126 ff.), in dem uns das Dasein alltäglich wird und unsere eigentliche Existenz sich zerstreut. So kann es passieren, dass wir in unserem Leben nicht mehr richtig anwesend sind. Man tut, was man eben tut und man trägt eigentlich keine Verantwortung. Martin Buber spricht vom »Schutzapparat« (Buber, 1979, S. 153) unserer Existenz.

Im biblischen Schöpfungsbericht donnert Gott: »Wo bist Du?« (Buber & Rosenzweig, 1981, Bd. 1, S. 15). Es ist unwahrscheinlich, dass der allwissende Gott nicht wisse, wo Adam stecke. Es sind die existenziellen Fragen an uns: »Wo stehe ich in meinem Leben? Was tue ich? Verantworte ich mein Leben?«

Das erste Bild im Traum geht sehr präzise, in einer Tiefenwahrnehmung, auf diese Fragen ein. Es beleuchtet den inneren Standort, an dem wir uns befinden.

Lassen Sie sich also Zeit, wenn Sie über den Traum der vergangenen Nacht nachsinnen. Graben Sie tiefer! Schauen Sie hinter die Fassade und fragen Sie sich: Was fühlt sich gerade in meinem Leben so an wie dieses Bild in meinem Traum? Worum könnte es in diesem Traumanfang gehen?

3.2 Die Zuspitzung des Problems

Im zweiten Bild nimmt der Traum Fahrt auf. Eine Spannung wird deutlich spürbar. Die Handlung spitzt sich zu.
»Plötzlich« ist an dieser Stelle ein oft verwendeter Ausdruck in der Traumschilderung. Die Handlung wird schneller oder drängender, manchmal auch aggressiv.

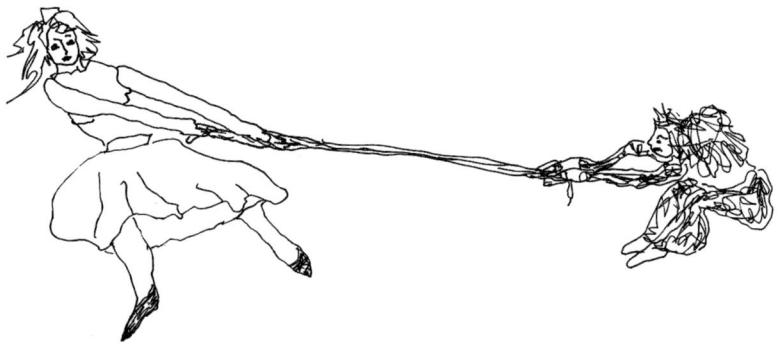

Die Zuspitzung hat einen Sinn. Wir erkennen klar und deutlich die Not, die Widersprüche, in die wir oft quälend verstrickt sind. »Mögen hätte ich schon wollen, aber dürfen habe ich mich nicht getraut«, beschreibt Karl Valentin (Valentin, 1961, S. 398) treffend die Ambivalenz zwischen Lust und Angst. Die Zuspitzung soll den Träumer dazu bringen, sich klar gegen alle Angst für seine Wünsche zu entscheiden, um wieder gut bei und mit sich sein zu können. Unsere grauen Zellen werden auf Hochtouren gebracht. Wir suchen nach dem Schritt, der Entscheidung, damit wir wieder ins Gleichgewicht gelangen.

3.3 Die Erkenntnis einer Lösung

Der springende Punkt des inneren Konflikts wird zum Matchpoint der Erkenntnis. Oft heißt es an dieser Stelle im Traum: »ich weiß«, »ich sehe« oder »ich denke«.

Das dritte Bild im Traum bringt die Erkenntnis, wie wir die Ambivalenz auflösen könnten. Wir erkennen, was wir uns im Grunde wünschen, um uns wieder in unserem Leben wohlfühlen zu können. Dabei geht es nicht um Wünsche, die wir uns »ausgedacht« haben. Es geht vielmehr um Wünsche, die uns denken. Es geht um das Maß unseres Herzens. Manchmal passt das mit unseren Vorstellungen von uns und den Ideen, wie wir das Leben gerne hätten, zusammen. Meist jedoch fordern uns Träume heraus, über uns hinauszuwachsen. Es ist ein Über-sich-Hinaus, das zugleich ein In-sich-Hinein in die eigene Mitte ist.

»Erkenne Dich selbst« und »Nichts im Übermaß«, die beiden Eingangslosungen des Orakels von Delphi können als zwei sich gegenseitig bedingende Aspekte des Menschseins verstanden werden: Zusammengehörig betrachtet ist hier nicht von Bescheidenheit die Rede, sondern davon, dass der Mensch sich in dem ihm Angemessenen selbst erkennt. Askese bestünde dann darin, auf alles zu verzichten, was nicht wesentlich zu uns gehört. Das ist eine schöne Bescheidenheit!

Mit der Erkenntnis des Angemessenen könnte der Traum schon aufhören und hier hören auch viele Träume auf: 1, 2, 3 – vom Problem zur Lösung. Oft genügt das. Andere Träume gehen weiter. Sie begleiten uns in die Verwirklichung.

3.4 Die neue Lebensgestalt

Die vierte Phase stellt das Sinnbild einer neuen Lebensgestaltung vor. Es vermittelt im Gefühl, wie es aussehen könnte, wenn wir durch den Bewusstwerdungsprozess aus der Dysbalance heraus in eine neue Stimmigkeit mit uns gelangt sind. Häufig ist es ein statisches Bild. Empfinden wir es nicht auch genauso, als würde in stimmigen Momenten die Zeit kurz stehenbleiben? Das vierte Bild vermittelt Ruhe und Stabilität. Zum Beispiel eröffnet das Traumbild den Blick auf einen ruhigen geometrischen Platz inmitten einer umtriebigen Stadt, einer italienischen Piazza vergleichbar. Oder eine Landschaft tut sich auf. Ruhe, Ausgewogenheit und Weite sind ein Charakteristikum des vierten Bildes, wenn wir gedacht wie gefühlt mehr Freiheit erlangt haben, die zu sein, die wir sind. Ist die Umsetzung der Erkenntnis in die Lebensgestaltung noch nicht gelungen, kann das vierte Bild mit einer bedrohlichen Enge darauf hinweisen.

Dem Grad der Freiheit entsprechend strahlt dieses Bild Schönheit aus. Es ist hier nicht von einer Schönheit der Oberfläche die Rede, sondern von einer Schönheit, die Ausdruck des Innenmaßes ist. Schiller nannte diese Schönheit »anmutig«. In den Schriften zur Ästhetik schreibt er, nicht alles Schöne sei anmutig, doch alle Anmut sei schön, weil hier »die Seele das bewegende Prinzip« sei. (Schiller, 1984, S. 47).

Die Werke Vermeers strahlen dieses Prinzip in der Malerei aus. Die überwältigende Schönheit Vermeers Bilder geht von der gesammelten Mitte der dargestellten Personen aus, meist sind es Frauen. Die Gegenstände im Raum, alles Interieur ist auf dieses Zentrum hin geordnet. Alles hat Bedeutung, ist ausgewogen ins rechte Licht gesetzt und in die Andacht des gegenwärtigen Moments miteinbezogen. Welch ein Glück, wenn aus dieser Konzentration heraus der Blick der abgebildeten Person das Auge des Betrachters trifft!

Vermutlich ist es diese Ausstrahlung der Schönheit, des Gehaltenseins in der eigenen Mitte, die bewirkt, dass die Wahrnehmung von Schönheit als beruhigend empfunden wird. Die Philosophin Simone Weil kam in der Betrachtung über das Schöne zu dem Schluss: »Das Schöne ist das, was man nicht ändern wollen kann.« (Weil, 1989, S. 93) Das vierte Bild strahlt die Ruhe des Bei-sich-Angekommen-Seins aus.

3.5 Die Umsetzung

In dieser Phase des Traumes geht es an die tätige Umsetzung. Dieses Bild ist häufig reich bestückt mit Sinneswahrnehmungen und Aktivität. Hier wird oft gefeiert, getanzt, gelacht, sich gefreut. Freilich, es kann auch sein, dass die Realisierung noch nicht rund läuft. Ein negatives fünftes Bild erscheint. Fehler machen zu dürfen gehört zum inneren Wachstum dazu. Hinfallen, aufstehen und wieder probieren! Probieren geht über studieren, steht über diesem Traumabschnitt! Das eigene Maß will geübt sein, Schritt für Schritt, wieder und wieder.

3.6 Der Umgang mit Widerständen

Geht beharrlich etwas schief, dann hat der Träumer es an dieser Stelle des Bewusstwerdungsprozesses mit inneren Widerständen zu tun.

Jeder neue Schritt in unserem Leben verspricht nicht nur etwas, er verlangt ja auch viel. Er verlangt, dass etwas Altes, eine bestimmte Sichtweise etwa oder ein vertrautes Handlungsmuster aufgegeben werden. Das Neue fordert, drastisch ausgedrückt, den Tod des alten Ich. »Stirb und werde!« (Goethe, 1970, Bd. 1, S. 409) Diese Forderung muss natürlicherweise Widerstände im bestehenden inneren System hervorrufen. Im Grunde sind Widerstände ein gutes Zeichen dafür, dass »innere Umbauarbeiten« im Gange sind, dass Absichtserklärungen in Realisierungen übergehen und sich wirklich etwas verändert in uns.

Der Traum kümmert sich im sechsten Bild darum, dass der Wunsch gegen den Widerstand durchkommt. Im sechsten Bild des Traumes taucht häufig eine wörtliche Rede wie eine Ansage auf. Der Traum sagt klar und deutlich, wo es lang geht: »Wer Klavier lernen will, muss aufrecht sitzen!« Die Träumerin verstand: Um die Melodie des Lebens tastend und wahrnehmbar zum Klingen zu bringen, bedarf es der Wahrhaftigkeit.

3.7   Der Blick zurück in die Kindheit

Hilft das alles nichts, dann liegen die Gründe dafür meist in der Kindheit des Träumers. Der Traum entfaltet eine Szene, die spürbar macht, dass eine Kinderangst den Erwachsenen daran hindert, das Leben zu leben, das er sich wünscht. Manchmal tauchen im siebten Bild des Traumes Orte, Straßen oder Gegenstände aus der Kindheit auf, wie zum Beispiel der Apfelbaum im Garten der Großeltern.

Dieses Terrain im Traum ist zu Unrecht wenig beliebt. Befürchtungen kommen zum Ausdruck, sich als Erwachsener unnötig mit der längst vergangenen Kindheit beschäftigen zu müssen. Keine Sorge! Der Traum ist in die Zukunft gerichtet und darin sehr effizient. Er blickt nur dann und lediglich so weit zurück, als dadurch unsere augenblickliche Not gewendet werden kann. Dieser Blick zurück dient unserer Zukunft. Der Traum geht an die Stelle in unserem Leben, an der die Begeisterung des Kindes, seine Neugierde, die unbändige Lebenslust und das Vertrauen in die Menschen und das Leben abgesunken sind. Wir tauchen in die Tiefe unserer Seelen ein und bergen die in unserer Kindheit versunkenen Schätze als wiedergewonnene Kräfte für unsere Gegenwart und Zukunft.

3.8 Die befreite Lebensgestalt

Wenn Sie verstanden haben, an welchen Kindheitsverletzungen Ihre Wünsche immer wieder Schiffbruch erleiden, welcher Kindergrund Sie in Beziehungen so kränkbar macht, dann haben Sie die Möglichkeit, aus der Unendlichkeitsschleife des Verletztseins und Verletzens bewusst auszusteigen.

Im Zahlenbild gesprochen, nennen wir das »die liegende 8 aufstellen«. Doppelt gestärkt – Sie haben Ihr Maß erkannt und die Kinderängste, mit denen Sie sich immer wieder im Weg stehen, verstanden – vermögen Sie sich selbst nun gut zu versorgen und Ihrer neuen Lebensgestalt Dauer und Stabilität verleihen. Wie im vierten Bild des Traumes, nur noch ausgeprägter, überwiegt hier der Eindruck des In-sich-Ruhens in großzügigen Landschaften und weiten Perspektiven.

Anmut und Würde, Stabilität und Weite prägen das Bild. Wie es in einem Gedicht Rilkes so trefflich ins Bild gesetzt wird: »[...] wer nimmt still und ohne Stolz die Steigung und hält sich oben wie ein Wiesenweg.« (Rilke, 2006, S. 655).

3.9 Selbstführung

Diese Phase des Traumes strahlt Souveränität aus. Aus dem vorausgegangenen Bewusstwerdungsprozess stehen uns nun Qualitäten der Selbstführung zur Verfügung.

Es gibt verschiedene Definitionen des Selbst in Abgrenzung zum Ich. Wir wollen hier das Selbst als eine höhere Ebene unseres Bewusstseins verstehen. Diese höhere Warte in uns kann zum Beispiel in der Meditation erfahren werden. Während Descartes »Ich denke, also bin ich« postulierte, erlebt der Meditierende: Ich bin nicht meine Gedanken. Ich bin nicht meine Gefühle. Der Yoga nennt es das

»Zeugenbewusstsein«. Das Selbst oder der selbstnahe Zustand ist nicht verstrickt in unterschiedliche Ich-Zustände. Aus dieser übergeordneten Perspektive ist es uns möglich, wohlwollend, ohne zu werten, unsere Persönlichkeitsanteile wahrzunehmen. Im Idealfall ist das Verhältnis zwischen Selbst und den Persönlichkeitsanteilen wie das einer kompetenten Führungspersönlichkeit zum Team.

Das Selbst erkennt die Stärken und Nöte der unterschiedlichen Persönlichkeitsanteile. Es sieht, wie die Anteile untereinander kommunizieren, wer gut mit wem zusammenarbeitet, wer Unterstützung braucht, wer dominant ist und dazu tendiert, sich leicht zu überfordern oder wer wenig im inneren Team zu sagen hat. Das »Selbst in Führung« (Dietz & Dietz, 2011) kann Sorge dafür tragen, dass alle Anteile integriert sind, gut miteinander kommunizieren und so an einem Strang ziehen.

Richard C. Schwartz, der Begründer des Internal Family Systems (IFS), dem System der Inneren Familie, hat folgende acht C-Qualitäten (Schwartz, 2008, S. 40–55) für die Selbstführung beschrieben:

- **Calmness – Ruhe.** Menschen in Selbst-Führung strahlen spürbar körperlich und geistig tiefgründige Ruhe aus. Konnten hingegen Verletzungen der Kindheit noch nicht genügend versorgt und integriert werden, sind wir, selbst wenn wir äußerlich ruhig und entspannt wirken, innerlich angespannt. Wie eine zu stark gespannte Saite, sind wir immer wachsam und zu blitzschnellen Abwehrmechanismen bereit. Das Selbst in Führung ist das Auge der Ruhe inmitten des Sturms und sorgt dafür, dass wir nicht mehr überwältigt werden vom Kampf- oder Fluchtmodus.
- **Clarity – Klarheit.** »Für einen Mann mit einem Hammer sieht alles wie ein Nagel aus.« (Schwartz, 2008, S. 43). Das Selbst in Führung erkennt klar die mit unseren Projektionen einhergehende Verzerrung der Wahrnehmung und öffnet sich dem, was der Buddhismus »Anfängergeist« nennt, eine Praxis des Nicht-Wissens. Die Paartherapie verwendet hierfür den Begriff »Seeing fresh«. Dies bedeutet, den Geliebten, die Geliebte neu, frei von unseren auf ihn oder sie projizierten Wünschen, Erfahrungen und Voreinstellungen

zu sehen, als sähen wir ihn oder sie das erste Mal. Eine wahre Frischzellenkur für Paare – nicht nur für verheiratete! Der selbstnahe Zustand schenkt uns Weite und Energie in unseren Beziehungen.
- Curiosity – Neugierde. Der Anfängergeist entfacht die Neugierde in uns. Ein frisches Interesse an dem, was uns im Außen und auch in uns begegnet. Anstatt zu reagieren, wollen wir verstehen, was es mit dem Ärger des Anderen oder der Traurigkeit in uns auf sich hat. Neugierde ist ein Zustand der heiteren Offenheit.
- Compassion – Mitgefühl. Ein Zustand des offenen Gewahrseins, der den anderen und sich selbst willkommen heißt, ohne Wenn und Aber. Echtes Mitgefühl hält es bei sich und dem anderen aus, ohne etwas ändern zu wollen. Im Gegensatz zum distanzierenden Mitleid, das leicht unter den Druck gerät, helfen zu wollen und damit auch das Leid von sich abhalten möchte.
- Confidence – Zuversicht. Wenn wir gelernt haben, uns zu verstehen und uns zu versorgen, dann wächst in uns die Zuversicht, dass der Schrecken über uns keine Macht mehr hat, ja, dass ein jegliches gut ausgehen wird. Menschen mit diesem Vertrauen in sich haben eine charismatische Ausstrahlung.
- Courage – Mut. Wenn wir Angriffe nicht mehr fürchten müssen, weil wir in uns selbst geborgen sind, können wir mutige Schritte tun: Unsere Wahrheit bekennen, uns gegen Unrecht auflehnen, uns einsetzen für andere – auch wenn es nicht dem Mainstream entspricht.
- Creativity – Kreativität. Kreativität wird freigesetzt, wenn das Getriebensein, die perfektionistischen Anfälle aus dem Gefühl des Ungenügens, das Vergleichen und die Selbstanschuldigungen, die Scham- und Zorngewitter in uns zur Ruhe gekommen sind.
- Connectedness – Verbundenheit. Schließlich zeichnet Verbundenheit das Selbst in Führung aus. Wer seine Verletzlichkeit nicht mehr mit einer Rüstung schützen muss, kommt in Berührung mit der Verletzlichkeit des Lebens um sich herum, des anderen Menschen, der Natur. Darüber entsteht echte Verbundenheit. »Alles

3.9 Selbstführung

wirkliche Leben ist Begegnung.« (Buber, 1997, S. 18). Dies kann nun geschehen.

Mit dem Selbst in Führung können wir nun langfristig unseren Lebenskurs halten. Nicht länger gilt »Wer bin ich und wie viele?«, sondern die eine vielschichtige Persönlichkeit geht ihren einzigartigen Weg. Durststrecken und Schwierigkeiten lassen uns nicht aufgeben. Wir erkennen Untiefen und wissen damit umzugehen. Gegenwind bringt uns weiter. Es macht uns nichts aus, nicht von allen geliebt zu werden. Wir lieben uns und halten das Herz leicht und zugleich entschlossen wie ein Steuerrad in den Händen. Selbst in Führung – the captain of my heart.

3.10 Angekommen!

Das zehnte Bild ist ein eher seltener Gast im Traum. Es ist wie ein Atemholen nach einer vollzogenen Veränderung. Mit das schönste zehnte Bild, das eine Träumerin mit mir teilte: Eine SMS blinkte. »Frohe Ostern, liebe S.!« Verdichteter lässt sich ein durchstandener Wandlungsprozess und die Freude über ein neu gewonnenes Leben kaum beschreiben.

3.11 Zusammenfassung der Sinnstruktur jedes Traumes

Die grobe Zielrichtung jedes Traumes:

1. Situation
2. Problem
3. Lösung

Dieser Dreierschritt vom Problem zur Lösung kann sich mehrfach im Traum wiederholen.

3.11 Zusammenfassung der Sinnstruktur jedes Traumes

Die Feinjustierung:

Bild 1:	Die Aufgabenstellung	(Situation)
Bild 2:	Problemzuspitzung	(Problem)
Bild 3:	Erkenntnis	(Lösung)
Bild 4:	Die neue Lebensgestalt	(Neue Situation)
Bild 5:	Die Umsetzung	(Probleme mit der Umsetzung)
Bild 6:	Die innere Wahrheit vertreten	(Lösung)
Bild 7:	Der Blick zurück in die Kindheit	(Biographische Ausgangsituation)
Bild 8:	Befreite Lebensgestalt	(Tieferes Problemverständnis, das zur Überwindung des Problems führt)
Bild 9:	Selbstführung	(Stabile emotionale Selbstbegleitung)
Bild 10:	Abschluss und Neuanfang des nächsten Bewusstwerdungsprozesses.	

So viel an dieser Stelle zur Grammatik der Sprache unserer Träume. Jetzt fehlen uns noch die Vokabeln. Folgen Sie mir ins nächste Kapitel.

4   Das Reich der Metaphern

»Natur ist glücklich.
Doch in uns begegnen sich zu viele Kräfte,
die sich wirr bestreiten:
wer hat ein Frühjahr innen zu bereiten?
Wer vermag zu regnen?

Wem geht ein Wind durchs Herz,
unwidersprüchlich?
Wer fasst in sich der Vogelflüge Raum?
Wer ist zugleich so biegsam und zerbrechlich,
wie jeder Zweig an einem jeden Baum?

Wer stürzt wie Wasser über seine Neigung
ins unbekannte Glück so rein, so reg?
Und wer nimmt still und ohne Stolz die Steigung
und hält sich oben wie ein Wiesenweg?«
(Rilke, 2006, S. 654)

Setzten wir dieses Gedicht von Rilke in einem Film oder in ein Bild um, könnte es ein Traum sein. Die Dichtung, die ganze Literatur, ist reich an Metaphern.

»Wer hat ein Frühjahr innen zu bereiten?« Wie anschauungslos wäre dagegen die Frage: »Wer entschließt sich anzufangen?«

Ein »Frühjahr bereiten«, da steigt mir die Frische der Frühlingsluft in die Nase, die aufgebrochene Erde duftet und ich habe dieses zarte Hellblau des Himmels im Frühjahr vor Augen. Ja, und das unbändige Konzert der Vögel in den frühen Morgenstunden klingt mir in den Ohren. Wie geht es Ihnen dabei?

Metaphern machen Räume der Wahrnehmung auf. Gefühlt wie gedacht, kommen wir in Berührung mit dem Bedeutungsraum der Worte.

4 Das Reich der Metaphern

Während der Dichter die Metaphern mit Worten bildet, drückt der Traum die Metapher im Bild aus. Jedes Bild im Traum bringt Sie in Berührung mit sich.

Träumen wir von einem Tisch, ist nie der Tisch an sich gemeint, sondern das, was einem Tisch gemäß seiner Funktion zugeschrieben wird oder was wir im Sprachgebrauch mit einem Tisch als Eigenschaft in uns verbinden. Das heißt, wir erschließen den Bedeutungsraum der Metapher über die Intentionalität und den Erlebnishorizont und beschreiben damit einen hermeneutisch-phänomenologischen Zugang.

Zu beachten ist: Der Erlebnishorizont des Träumers ist immer der maßgebliche. Ist die Repräsentation des Tisches in einem Traum eine Erinnerung an einen bestimmten Tisch aus Ihrem Leben, so ist Ihr Erlebnishorizont aus dieser Zeit der bestimmende.

Da davon ausgegangen wird, dass der Traum eine Innenwahrnehmung des Träumers widerspiegelt, betrifft der Bedeutungsraum der Metapher die Ebenen des Selbstbewusstseins und der Handlungsbereitschaft, der Gedanken- und der Gefühlswelt, der Verhaltensmuster und der Entwicklungsprozesse, die Stimmungen und die Haltungen des Träumers.

Ein Tisch kann den Raum in Ihnen darstellen, indem Sie gut mit allen Ihren Persönlichkeitsanteilen ins Gespräch kommen. Der Tisch kann auf die Art und Weise hinweisen, wie Sie sich geistig nähren. Greifen Sie eher zu Fastfood, wie Inhalte, die schnell konsumierbar und weniger anspruchsvoll sind, oder bevorzugen Sie lange und mit Liebe zubereitete geistige Nahrung, wie zum Beispiel Literatur? Ist der Tisch ein Schreibtisch, so kann es der Ort der Fokussierung oder des Durcheinanders und der Überfüllung sein. Oder vielleicht machen Sie gerade »reinen Tisch« in sich?

Dieses Kapitel lädt Sie ein, ein Gefühl für die Poesie der Träume zu entfalten.

4 Das Reich der Metaphern

Vielleicht beginnen Sie erst hier zu lesen und möchten wissen, was dieses oder jenes in Ihrem Traum bedeutet. Nochmal: Ich muss Sie enttäuschen, das funktioniert so nicht! Wie eine Metapher konkret in Ihrem Traum und in Ihrer höchst individuellen Lebenssituation zu verstehen ist, kann ausschließlich im Lesen des gesamten Traumtextes und letztlich auch nur mit Ihnen, dem Träumer, der Träumerin, evident herausgefunden werden.

Wir betrachten die Metapher in diesem Kapitel weitgehend aus dem Traumtext herausgelöst, um sie in einem nächsten Schritt im Gesamtzusammenhang des Traumes lesen zu können.

Metaphern sind so zahlreich wie die Träume selbst. Im Folgenden stelle ich eine Auswahl von Metaphern vor entlang der Häufigkeit ihres Vorkommens in Träumen und wie sie sich im Verlauf des Traumes aufbauen. Desweiteren ist ein Auswahlkriterium die Vorstellung einiger Grunddimensionen des Menschseins im Sinnbild der Metapher. Am Ende des Kapitels werden Sie so weit in die Poesie der

Träume hineingewachsen sein, dass Sie jede Metapher im Traum auf sich hin bedenken und befragen können.

4.1 Wie wir denken, wie wir handeln: Personen im Traum

Es gibt kaum einen Traum, der ohne Personen auskommt. Meist sind es Personen, die das Traumgeschehen entwickeln.

Unbekannte Frauen und Männer im Traum

Frauen, die, auf der biologischen Ebene betrachtet, das neue Leben empfangen und damit schwanger gehen, werden als eine Metapher der Gedanken verstanden: die Welt der Ideen und Vorstellungen. Männer, die das Leben, biologisch gesehen, zeugen, werden als eine Metapher der Handlungsimpulse und Handlungsmuster verstanden.

Es geht hier nicht um eine Bestimmung dessen, wie Frauen oder Männer sind, sondern um zwei unterschiedliche Seinsweisen in uns: die Qualität des Denkens und des Handelns.

Die Frauen- und die Männerquote in Träumen

Idealerweise ist das Mengenverhältnis zwischen Frauen und Männern im Traum, im übertragenen Sinn die Gewichtung von Denken und Handeln, ausgeglichen. Der Gedanke, der nicht in die Tat umgesetzt wird, bleibt ein bloßer Gedanke. Handeln, das nicht durchdacht ist, ist blind und kann mindestens in die Irre gehen, wenn nicht schaden.

Ist ein Traum »männerlastig«, sind wir tendenziell aktionistisch unterwegs, handeln voreilig und kopflos. Das Nachdenken, die Besinnung kommen zu kurz.

Umgekehrt, fehlen die Männer im Traum, haben wir uns womöglich in Gedanken verloren und kommen nicht in die Verwirklichung.

Die Beziehung zueinander

Denken und Handeln können ambivalent zueinanderstehen. Wir handeln zum Beispiel anders als wir es für richtig erkannt haben. Oder vorauseilendes, unbedachtes Handeln zwingt uns zu immer neuen Zugeständnissen. Sorgenvolle Gedanken und Selbstanschuldigungen lassen den Mut sinken, zur Tat zu schreiten.

Im Traum kann es zu Unstimmigkeiten zwischen Frau und Mann kommen, sie verfolgen und bedrohen sich, greifen einander an. Verfolgt werden im Traum ist ein häufiges Szenario. Da ist zu fragen: Was läuft Ihnen nach? Welche Gedanken, Vorstellungen peinigen Sie? Welche Handlungsimpulse drängen sich Ihnen auf?

Zum besseren Verständnis habe ich hier ein konkretes Beispiel aus einem Traum:

> Die Träumerin sagte von sich selbst, dass ihr Leben nur dadurch einen Sinn habe, indem sie anderen Menschen helfe. Der Traum brachte ihr diese Lebenseinstellung in folgender Metapher zur Anschauung: Die Träumerin sollte im Traum in eine Familie von Jägern »einheiraten«, d. h., dass es sich nicht um eine Liebesehe handelte. In der Hebung dieses Traumbildes wurde der Träumerin bewusst, dass sie, getrieben immer helfen zu müssen, von Notfall zu Notfall durch ihr Leben hetzte. Sie war der Jäger und die Gejagte in einem. Dies ist ein Lebensmuster, ein Bund fürs Leben, der mindestens nicht glücklich macht.

Wie beglückend sind dagegen Träume, in denen Frau und Mann, Denken und Handeln, sich einander zuneigen: Sie sind neugierig aufeinander, wollen einander kennenlernen, ziehen sich gegenseitig an. Träume der Verliebtheit tun deshalb so gut, beflügeln und inspirieren uns, weil sie in uns das Gefühl wecken, sich in die Stimmigkeit des eigenen Lebens zu verlieben! Im schönsten Fall kommt es im Traum zur Hochzeit. Und das ist dann wirklich eine hohe Zeit des Lebens. Denken und Handeln geben einander das Ja-Wort fürs Leben – in guten wie in schlechten Zeiten. Wir tun lustvoll, was wir erkannt haben. Daraus könnte ein neues Leben entstehen.

Träume mit sexuellen Inhalten

Träume mit sexuellen Inhalten können dementsprechend auf der geistigen Ebene, als Anziehung und Spielarten der Verbindung von gedanklicher Welt und Handlungsimpulsen verstanden werden. Meine Empfehlung als Therapeutin und Paartherapeutin lautet, entlang eines sexuell konnotierten Traumbildes auch konkret die Sexualität in den Blick zu nehmen: Wie berührt Sie dieses Bild? Wie leben und erleben Sie Sexualität gegenwärtig in Ihrem Leben? Umgeben wohlgehütete Wünsche, Erwartungen oder Befürchtungen dieses Terrain Ihrer Seele?

Ob wir es nun wollen oder nicht, Sexualität spielt psychisch, physisch, sozial und auch spirituell eine wichtige Rolle. Ich kann es mir nicht anders denken, als dass sich der Traum im Sinne des Gleichgewichts darum kümmert. Tun wir es auch!

Exkurs zum Fremdgehen im Traum

Keine Angst vor Fremdgehen im Traum! Auf die geistige Situation übertragen, kann Fremdgehen im Traum positiv so verstanden werden, dass auf eine festgefahrene Beziehung zwischen Denken und Handeln, nach dem Motto »Das haben wir immer so gemacht«, ein neues Denken oder ein neuer Handlungsimpuls anziehend wirkt. Der oder die Geliebte sind meistens jung, weil sie eben neu sind. Daraus kann eine Liebesbeziehung erwachsen, ein neues Leben oder aber, wie im richtigen Leben: die Krise führt zu einer fälligen Erneuerung des vertrauten Denk- und Handlungsmusters.

Dazu ein Beispiel aus einem Traum. Der Geliebte im Traum fordert die Träumerin im Lösungsbild apodiktisch auf: Lasse dich von deinem Mann scheiden! Im realen Leben der Träumerin gab es dafür keine Entsprechung in ihrem Beziehungsleben. Dem Traum ging es um eine neue Liebe zum eigenen Leben. Das erforderte, sich rigoros von einem sehr vertrauten Handlungsmuster trennen. Wenn sich etwas verändern soll, kann es nicht bleiben, wie es ist.

Bekannte Personen im Traum

Erinnern Sie sich an dieser Stelle: Der Traum stellt ein Selbstverhältnis vor. Ihr Traum spricht ausschließlich von Ihnen!

Wenn wir von bekannten Personen oder von Menschen träumen, zu denen wir in naher Beziehung stehen, geht dieser Gedanke leicht verloren und wir glauben, dass wir von diesem bestimmten Menschen träumen. Sehr schnell sehen wir dann von uns weg und sind beim anderen.

Es gehört zu den besonderen Situationen in der Traumhebung, wenn ein Träumer, eine Träumerin, sich über eine »schwierige« Person, die im Traum vorkommt, ordentlich in Rage redet.

»Nicht die hellste Kerze auf der Torte!«

»Verschlafen, checkt absolut nichts.«

»Hinterhältig, manipulativ, unehrlich, intrigant bis zum Abwinken.«

»Kontrollfreak!«

»Sklaventreiber!«

»Zicke!«

Während der zuweilen gehässigen Tiraden über diesen Menschen – meist sind es Nachbarn, Arbeitskollegen oder auch Geschwister, Beziehungen also, die wir uns nicht ausgesucht haben, uns aber häufig tangieren – breitet sich in mir stets die Frage aus: Und welche dieser Eigenschaften kennen Sie davon an sich selbst? Bezeichnenderweise hat diese Frage noch kein einziges Mal Empörung ausgelöst. Dieser Turnaround zaubert meist ein kleines, ertapptes Erröten oder gar ein befreiendes Lachen auf das Gesicht der Träumerin, des Träumers.

Die Psychologie nennt es »Projektion«. Was uns am Anderen aufregt, stört uns an uns selbst. Was wir an anderen Menschen bewundern, das ist in uns selbst angelegt und sehnt sich danach, entwickelt zu werden.

Die zickige Schulfreundin im Traum ist ein kindlicher, leicht kränkbarer Persönlichkeitsanteil von uns selbst.

Nicht die hellste Kerze auf der Torte? Es gibt einen Grund, warum Sie in manchen Situationen Ihr Licht dimmen, sich weniger kompetent zum Ausdruck bringen, als sie es in Wirklichkeit sind.

Persönlichkeitsanteile, mit denen wir uns selbst im Wege stehen, wollen besser verstanden und integriert werden.

Fragen Sie sich bei bekannten Personen im Traum zunächst, wie Sie diese Person charakterisieren würden. Welche Schwächen nehmen Sie an der geträumten Person wahr und erkennen Sie davon in sich selbst? Ein derartiger Charakterzug am Anfang des Traumes lässt auf eine bestimmte Art des Denkens oder Handelns schließen, die das Problem auslöst, in dem Sie sich gerade befinden. Am Ende, im Lösungsteil des Traumes, lauten die Fragen: Welche Stärken hat diese Person, die Ihnen jetzt in dieser Schwierigkeit hilfreich sein könnten? Wie könnten Sie diese Stärke entwickeln?

Mutter, Vater und Geschwister im Traum

Hier ist nach der Eigenart dieser Personen zu fragen und danach, wie die Beziehungen zu den Familienmitgliedern Ihre Lebenseinstellungen, Handlungsmuster und Botschaften über Ihren Selbstwert geprägt haben. Es könnte auch das Thema berührt werden, inwieweit Sie sich heute selbst Vater und Mutter sein können. Wie viel Verständnis bringen Sie für sich selbst auf? Kennen Sie Ihre Herzenswünsche? Wie unterstützen Sie sich selbst? Verstehen Sie Ihre Sorgen und inneren Nöte? Wie sieht Ihre Fürsorge für sich selbst aus? Vermögen Sie sich selbst zu trösten und zu schützen? Wie sähe das aus?

Das Kind im Traum

Hierbei könnte Ihr »inneres Kind«, Ihre Kindheit angesprochen sein. Hat das Kind ein bestimmtes Alter im Traum, dann fragen Sie sich, wie diese Zeit in Ihrem Leben war. (Dies gilt auch für alle anderen Altersangaben von Personen, die in Ihren Träumen vorkommen.)

Fühlten Sie sich in diesem Lebensalter glücklich und geborgen? Konnten Sie Ihrer Neugierde freien Lauf lassen? Oder war dies eine Lebenszeit, in der Sie sich eher unglücklich und ängstlich in Erinnerung haben? Zogen Sie sich verschüchtert in sich zurück? Von welchem Gefühl war Ihre Kindheit überwiegend geprägt?

Ein Kind im Traum könnte aber auch auf einen Neuanfang hindeuten, eine sich entwickelnde neue Art zu denken (Mädchen) oder zu handeln (Junge).

Babys sind, genau wie Neuanfänge, auf unsere Rundumversorgung angewiesen. Neuanfänge benötigen beständigen, zugewandten Kontakt, angemessene Nahrung, ausreichend Schlaf und Wärme. Neuanfänge durchleben »Kinderkrankheiten«. Diese sind wichtig, um das Immunsystem aufzubauen. Das heißt im Übertragenen, Rückschläge und Scheitern in Zeiten des Neuanfangs können stark und widerstandsfähig machen. Lassen Sie sich nicht einschüchtern. Stellen Sie Neuanfängen fürsorgliche und vertrauensvolle Persönlichkeitsanteile aus Ihrem inneren Team zur Seite, die mit Entwicklungskrisen gut umzugehen wissen.

4.1 Wie wir denken, wie wir handeln: Personen im Traum

Fremdländische Personen im Traum

Zunächst ist zu fragen, ob Sie eine Assoziation oder eine persönliche Erfahrung aus einem Urlaub, einer Hochzeitsreise etc. mit dem Herkunftsland der fremdländischen Person im Traum verbinden. Ist es so, dann spielt dieses Erleben eine Rolle im Bewusstwerdungsprozess.

Ohne diesen subjektiven Bezug ist festzustellen, dass es hier zu einer Begegnung jenseits Ihrer Muttersprache kommt. Vertraute Denk- und Handlungsmuster treffen auf Neuland im Denken und Handeln. Im Unterschied zur Metapher des Kindes, in der es darum geht, etwas Neues zu entwickeln, setzt der Traum mit der fremdländischen Person eine Provokation durch einen völlig anderen Lebensentwurf.

Im Lösungsanteil des Traumes könnte dies eine Aufforderung sein, eigene Grenzen mal probehalber zu überschreiten, sich etwas Fremdes vertraut zu machen und etwas ganz anders auszuprobieren als Sie es von sich gewohnt sind.

Eine schöne Übung dazu: Schließen Sie die Augen und vervollständigen Sie den Satz »Ich könnte auch eine Frau sein, die ...«. Lassen Sie Verwegenes, absolut Abwegiges zu. Überschreiten Sie Grenzen. Spüren Sie in sich hinein, wie das wäre, wenn ... Haben Sie einfach Freude daran! Schenken Sie sich die Chance, eine bislang völlig unentdeckte Seite in sich kennenzulernen.

Eine Träumerin, die freudlos in ihren Vorstellungen von gesunder Ernährung und diversen Diätvorschriften feststeckte, formulierte den Satz: »Ich könnte auch eine Frau sein, die morgens drei Spiegeleier isst«. Nicht, dass sie das getan hätte, doch diese Idee entlang des Traumbildes, schenkte ihr mit einem befreienden Lachen das Bewusstsein, dass sie eine Wahl hatte.

Erscheinung und Kleidung der Personen im Traum

Die Helligkeit oder Dunkelheit der vorkommenden Personen, deutet auf den Grad der Bewusstheit hin bezüglich der Denkhaltung und Handlungsweise. Je heller, desto bewusster sind Sie sich dessen. Dunkle Personen sind eine Aufforderung, sich einer Denkhaltung oder einer Handlungsweise bewusst zu werden.

Kleidung ist zugleich Schutz und Ausdruck. Wie schützen Sie sich? Oder halten Sie sich bedeckt? Was möchten Sie ausdrücken oder signalisieren?

Ein Jogginganzug hat eine andere Aussage als ein Anzug, ein Hosenanzug oder ein Kleid.

Der Anzug ist das Gegenteil eines verspielten Ausdrucks. Anzüge betonen die Formalität, die Entschiedenheit, deuten vielleicht auch die Macht an, wer das Sagen hat. Der Jogginganzug verweist auf freie Zeit. Er setzt auf Bequemlichkeit und Laissez-faire. Wer die Hosen an hat, bestimmt was Schritt für Schritt umgesetzt wird. Zweiteiler sind ein Hinweis auf eine gelungene Komposition. Overalls betonen die Einheit.

Die Farben von Kleidung vermitteln eine zusätzliche Information über die Gestimmtheit, die mit dieser Kleidung verbunden ist. Zu den Farben kommen wir später in ▶ Kap. 4.10.

Körperteile und Organe im Traum

Der Bedeutungsraum von Körperteilen und Organen kann sehr leicht über deren Funktion erschlossen werden. Ebenso leistet der Sprachgebrauch hier Hilfestellung. Wer »sich einen Kopf macht« denkt zu viel nach. Wem »eine Laus über die Leber gelaufen ist«, der glaubt, einen Grund zu haben, sich zu ärgern. Jemandem »Beine machen« heißt, etwas anstoßen, in Bewegung zu kommen. Sich »ein Herz fassen« weist darauf hin, dass wir es wagen, mutig zu sein.

Hände beziehen sich auf das Handeln.

Füße betreffen unsere Standpunkte. Barfußlaufen deutet auf Unbekümmertheit und die Lust hin, mit den tragenden Kräften des Lebens, der Erde in unmittelbaren Kontakt sein zu wollen. Ist dies am Anfang des Traumes verortet, könnte es ein Anstoß sein, über ungenügenden Selbstschutz nachzudenken. Überraschend kindliche Füße im Traumanfang fordern auf, einen erwachsenen Standpunkt einzunehmen.

Beine und Füße: Beine und Füße ermöglichen Schritt für Schritt aus unseren Grundbedürfnissen heraus die Umsetzung dessen, was wir erkannt haben. Hat etwas »Hand und Fuß«, dann kann es sowohl realisiert (Hände) als auch vertreten werden (Füße).

Das *Herz* ist in den verschiedenen Kulturkreisen eine sehr unterschiedlich verstandene Metapher. Im Buddhismus steht es für den Sitz des Geistes. In den westlichen Ländern ist das Herz das Zentrum der Gefühle. Immer aber ist damit das Wesentliche, das, was eine Sache ausmacht und der Mittelpunkt des Menschen gemeint.

Hier ist ein Beispiel aus dem Traum eines jungen Mannes, der mit vier Jahren seine Mutter verloren hatte.

4 Das Reich der Metaphern

> Der junge Mann litt in einer Liebesbeziehung. Unbewusst lebte in ihm die Angst, sein Herz könnte noch einmal gebrochen werden, wie damals. In einer großen Krise mit seiner Freundin sah er im Traum, dass er sein Herz im Kühlschrank seiner Wohnung aufbewahrt hatte.
> Dieses Bild verstand er sofort und unter Tränen. Er beschloss, seine Verletzlichkeit zu wagen und sich berührbar zu machen. Er wagte schließlich die Trennung der Beziehung, die ihn an den Rand der Verzweiflung gebracht hatte. Wenig später ließ er sich auf eine neue Beziehung ein, heiratete und wurde ein hingebungsvoller Vater. Seine Tochter bekam den Namen »Nylah«. Dies bedeutet im Arabischen »die Gewinnerin«, »die, die ihre Wünsche erfüllt.«

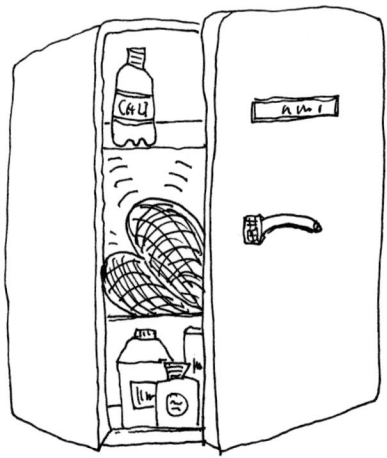

Den Körper umhüllend, die *Haut*. Die Haut ist unser größtes Organ. Sie ist unsere leibliche Umgrenzung und Berührungsfläche zur Welt. Die Haut nimmt auf und gibt ab. Die Haut lässt sich als unser Beziehungsorgan begreifen. Erkrankungen der Haut und Veränderungen des Hautbildes spielen in Träumen häufig eine Rolle. Dies lässt

4.1 Wie wir denken, wie wir handeln: Personen im Traum

Überlegungen zu, auf welche Weise wir in Beziehung treten. Wodurch verletzen wir uns im Kontakt? Worauf reagieren wir allergisch? Kommunizieren wir unsere Grenzen? Wie können wir unsere Beziehungsfähigkeit pflegen?

Die linke und rechte Seite im Traum

Die linke Hand kommt vom Herzen, ist eine weit verbreitete Redensart. Die linke Körperseite wird von der rechten Gehirnhälfte, die für Intuition und Emotion zuständig ist, angesprochen. Die rechte Körperseite wird wiederum von der linken Gehirnhälfte, die die kognitiven Leistungen bedient, gesteuert. Tauchen Sachverhalte und Bewegungen im Traum von der rechten Seite her auf, so sind sie gedanklich geprägt. Regt sich etwas im linken Bereich des Traumbildes, so ist nach Beweggründen zu fragen, die aus dem Gefühl kommen.

Berufe im Traum

Berufe im Traum weisen zum einen auf eine besondere ausgebildete Kompetenz des Träumers und zum anderen auf eine Not hin, die es mit dieser Fähigkeit zu beheben gilt.

Die Not und die Lösung. Doch keine Notlösung! Denn Berufe sind über lange Jahre und systematisch entwickelte Fertigkeiten für eine spezifische Herausforderung im Leben.

Welche Berufe sind besonders häufig in Träumen anzutreffen?

Der *Arzt* ist ein Sinnbild für den Diagnostiker und das Heilwissen des Träumers. Zugleich sind Ärzte ein Hinweis auf das Heilungsbedürftige im Träumenden.

Fachärzte weisen Fähigkeiten in Diagnose und Heilwissen aus bezüglich der Nöte des Träumenden. Ein gutes Beispiel ist der *Zahnarzt*: Dieser hat die Kompetenz, sich um ein intaktes Durchsetzungsvermögen zu kümmern. Wir sprechen davon, dass wir »Biss haben«.

4 Das Reich der Metaphern

»Zähne zeigen« weist auf das Vermögen hin, die eigenen Grenzen verteidigen zu können.

Der Zahnarzt gewährleistet die Aufnahme der Nahrung und die Anverwandlung des Lebens – Verdauung beginnt im Mund. Wer keine Zähne hat, kann das, was er denkt und fühlt, nicht klar artikulieren. Er nuschelt, die Wahrheit verschwimmt. Zähne benötigen Sie auch für ein gewinnendes Lächeln und den Kuss. Zähne, die im Mund zu Brei werden oder ausfallen, lassen befürchten, dass die gesunde Aggression, um in Beziehung treten zu können, schwer beschädigt wurde. Zusammengefasst sind Zähne wesentlich im Kontakt und Austausch mit der Welt. Der Zahnarzt sorgt für deren Pflege und Erhalt. Wie treten Sie überwiegend in Kontakt mit der Welt? Gelingt es Ihnen, sich klar zum Ausdruck zu bringen? Wie verarbeiten Sie Ihre Welterfahrung am zuträglichsten?

Und welche tägliche Routine, entsprechend dem Zähneputzen, hält Ihre diesbezüglichen Fähigkeiten gut in Schuss? Traumnotate, Tagebucheinträge könnten dafür passende Maßnahmen sein.

Polizisten treten im Traum auf, wenn grundlegende Ordnungen bedroht oder gebrochen werden. Insofern deuten Polizisten auf Grenzverletzungen und große Not hin. Gleichzeitig weist diese Metapher auch auf die Macht des Träumers hin, die Ordnung wiederherstellen zu können. In diesem Sinn können Polizisten Metaphern für Persönlichkeitsanteile sein, die die innere Sicherheit des Träumenden gewährleisten. Klar definierte und auch vertretene Grenzen sorgen für den Halt, den wir brauchen, damit Grenzen auch zu Zeiten ohne Angst überschritten werden können, wie in der Liebe und Sexualität.

Polizisten in der Problemstellung des Traums, im Traumanfang, können auf eine zu starre Kontrollinstanz hindeuten, die den Träumer, die Träumerin an der freien Selbstentfaltung hindert. Innere Kritiker können solche problematischen Polizisten sein.

Erzieher und Lehrer haben die Fähigkeit, die Empathie und die Kreativität, Denk- und Handlungsweisen entwickeln zu helfen. Diese Anteile wissen den Träumer zu fördern. Sie holen den Träumer dort ab, wo er augenblicklich steht. Erzieher und Lehrer im Traum sorgen

4.1 Wie wir denken, wie wir handeln: Personen im Traum

für die optimalen Entwicklungsbedingungen und halten deren Maß und Grenze ein. Sie wissen, dass Fehler machen und auch Scheitern dazugehören, um daraus zu lernen. Diese Anteile bestätigen den Träumenden. Tauchen Erzieher und Lehrer in Ihrem Traum auf, dann ist das erstens ein Hinweis, dass es etwas Neues zu lernen gilt. Zweitens bedeutet diese Metapher im Traum, dass die Bedingungen dafür in Ihnen gut sind. Sie haben die Kompetenz und das Wissen, Ihr Leben zum Blühen zu bringen.

Andere Berufe, die häufig im Traum vorkommen, sind:

- *Feuerwehrleute:* Sie weisen auf bergende, schützende und rettende Persönlichkeitsanteile hin. Feuerwehrleute im Traum auf, weisen darauf hin, dass gravierende Gefahr im Verzug sein könnte. Feuerwehrleute fragen immer auch nach der Brandursache, dem Brandstifter.
- *Therapeuten* erinnern an heilende, unterstützende und begleitende innere Anteile. Sie sind eine Anzeige für eine seelische Wunde und den Weg der Heilung.
- *Berühmtheiten* sind Projektionsflächen für gewünschte Eigenschaften des Träumenden, die sie in der Sichtweise des Träumenden verkörpern. Diese Projektion lässt sich mit dem Halten eines vollkommenen Bildes vergleichen, als Lösungsaspekt begreifen. Der Star am Anfang des Traumes könnte auf einen ungesunden Narzissmus hindeuten.

Mächtige und ohnmächtige Personen im Traum

- *Königinnen und Könige* deuten auf Souveränität und Seinsmächtigkeit. Eine großzügige Selbstauslegung, denn die dazugehörigen Grafschaften und ausgedehnten Ländereien sind von diesen Personen nicht fortzudenken.
- *Der Papst* versinnbildlicht die obersten geltenden spirituellen Prinzipien des Träumers.

- *Gefangene und Bewacher oder Herr und Knecht* berichten von unterdrückten oder verbannten Gedankenwelten oder Handlungsweisen in uns und denen, die glauben diese verbannen oder unterdrücken zu müssen, um das psychische Gleichgewicht zu halten. Der Perfektionismus kann zum Beispiel so eine erbarmungslose Instanz sein, die die Angst vor dem Nicht-Genügen unter Kontrolle hält.

4.2 Wie wir uns wozu im Leben eingerichtet haben: Häuser, Räume, Interieurs, Dörfer und Städte

Hier ist von unserer Eingewöhnung im Leben die Rede. Das Haus ist die Gestalt unserer Lebenspraxis, in der wir uns geborgen und sicher fühlen. Das ist ein komplexes Thema, so wie ein Haus verschiedene Ebenen und Räume hat.

Welchen Raum nehmen unsere Grundbedürfnisse nach Nahrung und Schlaf und Beziehung ein? Welche Räume haben die Arbeit und die Liebe? Gibt es Räume für Kreativität und Herzenswünsche? Wie sind die Proportionen? Was hat Priorität?

Wie sieht das im Gesamtbild aus? Welchen Anstrich geben wir alldem? Wie stellen wir uns dar? Welche ist unsere Schokoladenseite? Gibt es eine Hintertür? Worin besteht sie?

Wie ist das vertraute Lebensgefühl? Der Blick aus dem Fenster: Welche Perspektiven haben wir von hier aus?

Es kommen die unterschiedlichsten Behausungen in Träumen vor: Hütten, Baumhäuser, kleine geduckte Häuser, Hochhäuser, renovierungsbedürftige Altbauten, stattliche Anwesen, Villen und Schlösser. Es können freundliche und finstere Häuser sein.

4.2 Wie wir uns wozu im Leben eingerichtet haben

»Gefühle wohnen im Menschen, aber der Mensch wohnt in seiner Liebe« schrieb Buber (Buber, 1979, S. 18). Wie sähe dieses Haus aus?

Am Beispiel einer Träumerin beschreibe ich, wie sich die Suche nach ihrer inneren Beheimatung in ihren Träumen ausdrückte.

> Die Träumerin war in der Sozialarbeit tätig gewesen. Mit dem Eintritt in die Rente geriet sie in eine psychische Krise. Die Frage der inneren Verortung in ihrem Leben wurde wieder akut. Die Beziehung zur Mutter, von der sie sich weder gesehen noch geliebt fühlte, war immer noch von der Sehnsucht geprägt, einen Platz in deren Leben zu haben. Diese unerfüllt gebliebene Sehnsucht kreierte bange Fragen wie diese: Bin ich es überhaupt Wert, aufgenommen zu werden? Welchen Platz kann ich für mich beanspruchen? Was muss ich dafür leisten? Diese Grundverunsicherung ließ sie auch als Erwachsene in sich selbst nur zeitweise und notdürftig zu Hause sein. In ihrer Rolle als Mutter und Ehepartnerin, als vormals berufstätige Frau und jetzt mit dem Eintritt in das Rentenalter stellte sich diese Frage der inneren Beheimatung aufs

4 Das Reich der Metaphern

> Neue. Die Metapher des Hauses tauchte zuverlässig in beinahe jedem Traum auf.

Nachfolgend nur einige Bespiele für die unterschiedliche Gestaltung dieses Themas in ihren Träumen:

> Ein Haus mit zwei Zimmern. Dieses Bild spiegelte der Träumerin, wie wenig Selbstwirksamkeit sie für sich beanspruchte. Wir dachten darüber nach, dass ein Zimmer wohl als Küche und Wohnraum diente. Das andere Zimmer sei vermutlich ein Schlafzimmer. Da dieses Bild am Anfang und somit in der Problemstellung stand, fragte ich die Träumerin, wie auf sie diese Reduzierung wirke. Ja, natürlich, es gäbe noch andere Bereiche ihrer Lebendigkeit. Klar wurde ihr an diesem Traumbeginn, dass sie sich momentan in einer Art Überlebensmodus befand. Leben ist mehr als Überleben.
>
> In einem weiteren Traum fand die Verwandlung eines Gebäudes statt. Ein Haus mit vielen Gängen stand am Anfang. Dieser Anfang verwies auf die aktuelle Schwierigkeit der Träumerin, die verschiedenen Lebens- und Beziehungsräume lustvoll miteinander zu verbinden. Die Verwandlung zur Jugendherberge gab einen Hinweis darauf, dass die Jugendzeit der Träumerin möglicherweise eine Rolle spielte in der Schwierigkeit, die innere Beheimatung zu finden. Schließlich wurde aus dem Gebäude ein Heim, Sinnbild für den Verlust einer liebevollen Elternbeziehung. Daraufhin schrumpfte das Gebäude zu einem Wachhäuschen. Die Träumerin verstand, wenn die Emotionen der Jugendzeit und Kindheit in ihr lebendig wurden, und das geschah immer dann, wenn sie im Kontakt mit ihrer Mutter stand, zog sie sich auf den Habachtzustand zusammen mit der Empfindung der Alarmierung. Alle Freude, geschweige denn die Lust an der Vielgestaltigkeit ihres Lebens existierte dann nicht mehr.

In einem weiteren Traum wollte die Träumerin eine große Wohnung mieten, aber der alte Mieter schlief noch darin. Die »große Wohnung« ließ uns aufatmen, aber oh, je! Ein langjährig gepflegter Handlungsimpuls hatte den Auszug verschlafen! Da war die Frage ganz einfach: Welche alte Handlungsweise, vielleicht eine unbewusste (schlafende) Gewohnheit lässt die Träumerin noch immer nicht ganz in ihrer erweiterten Selbstauslegung zuhause sein? Wecken und verabschieden!

Der *Keller* des Hauses lässt an die Kindheit denken, da diese die Basis unseres Lebens ist. Es gibt aufgeräumte und chaotische Keller im Traum, bis hin zu Leichen, die im Keller versteckt sind. Da gilt es ein Leben, das in der Kindheit auf der Strecke geblieben ist, ans Licht zu bringen. Das *Erdgeschoss* bedient die Grundversorgung: Wie ernähren wir uns? Wie sorgen wir für Raum, für Kommunikation und Verbundenheit?

Das *Obergeschoss* entspricht einer höheren Warte in uns. Geistige Tätigkeit, Schlaf, Reinigung und Kleidung sind hier Thema. Der *Dachboden*, das Oberstübchen, hat die beste Übersicht, deutet aber auch manchmal eine gewisse Lebensferne an. Der Elfenbeinturm der Wissenschaft ist eine Metapher für eine Wissenschaft, die den Kontakt zur Anwendung des Wissens verloren hat.

Die *Einrichtung* spielt ebenfalls eine Rolle. Ist die Einrichtung überladen könnte eine Frage lauten: Verstelle ich mich? Oder gehe ich mit zu vielen Belangen innerlich um? Bei spärlicher Möblierung kann das im Lösungsteil ein Hinweis auf geschaffenen Freiraum oder Platz für Neues sein. Was könnte das Neue sein, das hier nun gut Platz nehmen könnte? Oder besteht die Lösung des Problems in der Reduzierung auf das Wesentliche, auf das, worauf es jetzt ankommt? Wenn ja, was wäre das?

Im Problemteil des Traumes könnte eine spartanische Einrichtung die Aufforderung sein, sich mehr als nur das Überleben zu gönnen. Was wäre Luxus für Sie?

Bei *Teppichen* ist die Frage erlaubt, ob hier etwas verdeckt und unter den Teppich gekehrt wird.

Die Betonung vom Element *Holz*, nicht nur am Boden, deutet daraufhin, dass der Träumer sich in den gewachsenen und verarbeiteten Erkenntnissen seines Lebens eingerichtet hat.

Manchmal spielen die Vorrichtungen zum Wechseln der Ebene eine Rolle: *Treppen und Aufzüge.*

Auf einer *Wendeltreppe* kreisen wir um die eigene Mitte und kommen dadurch auf eine höhere Ebene des Bewusstseins oder nach unten – je nachdem. Das könnte ein Bild für Reflexion und Besinnung sein. Die Geschwindigkeit ist in jedem Fall eine bedächtige, Schritt für Schritt.

Aufzüge sind dagegen eine behände Weise, um die Bewusstseinsebenen zu wechseln. Das kann eine Bestätigung für einen flexiblen Geist sein oder in der Problemstellung auf Sprunghaftigkeit hinweisen.

Externe Substanzen und Affekte bewirken den Wechsel von Bewusstseinsebenen auf Kosten der Steuerung.

> Einmal träumte eine Frau von einem Aufzug, der über das achte Stockwerk, in dem sie wohnte, hinausschoss. Das Beunruhigende an diesem Bild war der Kontrollverlust. Da hatte jemand am Vortag bei ihr »Knöpfe gedrückt« und sie sei dabei in ihrer Reaktion übers Ziel hinausgeschossen. Ja, sie habe sich darin selbst verfehlt.

In einem anderen Kontext und als Lösungsangebot könnte dieses Traumbild darauf hinweisen, dass es über die Alltagsebene hinaus noch eine andere, höhere Warte unseres Selbst gibt.

Balkone und Terrassen sind Bereiche der Entspannung und Übergänge von innen nach außen hin zum Garten, dem Bereich, in dem unsere Herzenswünsche (Blumen) blühen. Gibt es diese Sphären des Übergangs in Ihrem Seelenhaus? Welches Bild gibt der Garten in Ihren Träumen ab? Herrscht die Anarchie des Unkrauts oder das

Diktat der Rabatten? Wie wäre es mit kultiviertem Wildwuchs, die schönste Form des Sehnsuchtsraums?

Türen und Fenster in Träumen stellen sowohl Verbindungen zwischen Innen und Außen als auch Abgrenzungen dar. Fenster ermöglichen Perspektiven (dazu mehr im ▶ Kap. 4.10).

Ein *Altbau* am Anfang des Traumes lässt danach fragen, inwieweit die seelische Verfassung des Träumers einer Erneuerung, Sanierung oder Renovierung bedarf. »Denkmalschutz« macht es da manchmal schwer!

Hotels sind Inseln des Wohlbefindens. Allerdings: das kostet etwas und es ist nicht von Dauer. Problematische Zufluchtsorte sind Rauschzustände aller Art oder andere Parallelwelten, die auf Kosten unserer physischen und psychischen Gesundheit gehen. Dann würde das Hotel am Anfang des Traumes stehen und es wäre entsprechend zu fragen: Wovor weicht der Träumer aus? Womit lenkt er sich ab oder betäubt sich?

Ländliche Anwesen und Dörfer im Traum deuten darauf hin, dass die Versorgung Ihrer Grundbedürfnisse im Vordergrund steht. Währenddessen *Städte und ihre Infrastrukturen* mit gut ausgebauten Verbindungswegen an ein reichhaltiges Angebot hinsichtlich Beziehung, Bildung, Heilung, Arbeit und Freizeit erinnern.

Ein Markt oder der Marktplatz ist ein gefühlstarkes Szenario in Träumen. Hier werden Waren unter freiem Himmel feilgeboten. Sich zeigen, mit dem, was wir haben und wer wir sind; sehen und gesehen werden; messen und gewogen werden im ungeschützten Raum – das sind Themen, die das Sujet des Marktes im Traum anspricht. Informationsaustausch und Raum übler Nachrede, auch dafür kann dieses Bild stehen. In vielen Träumen kommt der Markt am Anfang, in der Problemstellung des Traumes vor. Dieses Bild könnte auf mangelnden Selbstschutz und oder missgünstige innere Kritiker hinweisen. »Gewogen und für zu leicht befunden. Nie genug!«, raunen sie dem Träumer zu.

4.3 Wie wir unterwegs sind: Fahrzeuge im Traum

Wenn wir im Traum unterwegs sind, geht es immer um das Unterwegssein zu sich selbst. In den verschiedenen Lebensphasen sieht das unterschiedlich aus. Wir beginnen auf allen Vieren die Welt zu erobern: Wir krabbeln und stecken alles in den Mund, was uns in den Weg kommt. Wir lernen, auf zwei Beinen zu laufen. Wir erkunden mit dem Dreirad stolz die Welt. Wir lernen Radfahren und mit der Erwachsenenreife bekommen wir den Führerschein. Jede Form der Selbstbewegung drückt eine eigene Form der Kompetenz aus und schenkt unterschiedliche Qualitäten der Selbsterfahrung.

Beim *Radfahren* im Traum wird das Gleichgewicht der Lebensbewegung betont. Es gelingt uns, das Gewicht weder zu sehr auf die rechte Seite, zum Denken, hinzuverlagern, noch zu sehr nach links, ins Gefühl, zu gehen. In der Balance zwischen Fühlen und Denken in die Pedale treten, das ist als Aufforderung oder Bestätigung mit der Metapher des Radfahrens angesprochen. Mit Rückenwind geht's leichter. Gegenwind macht uns stärker.

Cabriolets sind tendenziell »Beziehungskisten«. Mit einem Cabrio transportieren Sie keine Schrankwände. Im Cabrio hat bevorzugt noch ein geliebtes »Du« Platz, vielleicht noch ein Hund. Der Kofferraum fasst maximal Gepäck für einen Ausflug am Wochenende. Kurz: Das Cabrio könnte ein Bild dafür sein, dass Sie gerade ausschließlich nur den Einen oder die Eine benötigen zu Ihrem Glück. Sehnen Sie sich im realen Leben nach einer Beziehung, so könnte das Cabrio, dessen Zustand (betankt, zugeparkt etc.) oder wer es steuert ein Hinweis darauf sein, auf welche Weise der Beziehungswunsch Sie bewegt oder eben blockiert bzw. vernachlässigt ist. Fehlt es nicht an einer realen Beziehung, geht es hier im übertragenen Sinn um einen Handlungsimpuls (Mann) oder um eine Erkenntnis (Frau), die sie suchen. Es kommt vielleicht jetzt einzig darauf an, einen Plan tatsächlich in die Tat umzusetzen oder Sie sind auf der Suche nach der

4.3 Wie wir unterwegs sind: Fahrzeuge im Traum

zündenden Idee, wie Ihr Leben wieder Fahrt aufnehmen könnte. Die Möglichkeit, das Verdeck zu öffnen, drückt eine weiter gefasste Bereitschaft zur Beziehungnahme aus. Wer so in seinem Leben unterwegs ist, der möchte mit den Elementen des Lebens in Kontakt kommen, der lässt sich den Wind der Freiheit um die Ohren sausen und in die Haare fahren, dem ist der Himmel das Dach.

Familienkutschen dienen mehreren Persönlichkeitsanteilen zur Fortbewegung, genauso wie der *Bus*. Hier ist, im Gegensatz zum Cabriolet, an die innere Familie und an das innere Team zu denken. Sind alle dabei? Wer könnte fehlen? Gibt es Fremde an Bord? Wie ist die Stimmung?

Bei *Lastwagen* ist im übertragenen Sinn die Pflichterfüllung unser Lebensantrieb. Nach Altlasten ist zu fragen, die der Träumer mit sich rumschleppt. Meist entbehren Szenen mit Lastwagen aller Freude und Leichtigkeit. Bedrohlich wirkt ihre Schubkraft. Lastwagen sind schwer zu stoppen, haben einen langen Bremsweg. Wehe einem neuen, zarten Lebensimpuls, der dem in die Quere kommt! Pflichterfüllung kann grausam sein!

Baufahrzeuge sind mit Neubau, Umbau, Erneuerung, Schadensbehebung etc. verbunden. Da ist die Frage: Was bildet sich wohldurchdacht und nach Ihren Wünschen neu? Was ist dabei, sich grundlegend in Ihnen umzustrukturieren? Welcher Schaden wird repariert?

Weiterführend zur Exploration der Metapher des Fahrzeugs, wie auch allgemein bei allen Gegenständen, ist die Frage, wozu sie gemacht sind. Mit Panzern fährt man nicht spazieren.

Wer fährt? Oftmals kommt es vor, dass sich die Träumerin, der Träumer auf dem Beifahrersitz, dem Rücksitz oder gar im Kofferraum befindet. Dies ist ein klassisches, wie drastisches Bild für Fremdbestimmung und eine Aufforderung, die Steuerung des eigenen Lebens wieder selbst in die Hand und die Hauptrolle in Ihrem Leben zu übernehmen.

Worauf können die Fahrtrichtung und die Geschwindigkeit von Fahrzeugen im Traum hinweisen?

In einem Porsche mit hoher Geschwindigkeit in engen Straßen unterwegs zu sein, die Bremse zu verfehlen oder ohne Wirkung zu betätigen, all das sind Hinweise auf eine unangemessene, selbstgefährdende und unkontrollierte Beschleunigung im Leben. Eine *Haltebucht* kann einer angenehmen Verschnaufpause oder einem notwendigen Ausweichmanöver Raum bieten.

Wenn ein Auto *parkt*, wirkt das wie eine zu längerem Stillstand gekommene Bewegung. Im parkenden Auto am Anfang des Traumes kann die Aufforderung liegen, in die Gänge zu kommen, eine festgefahrene Situation aufzulösen. Am Ende des Traumes kann es heißen: es ist gut, kommen Sie zur Ruhe.

Im Stau stehen ist eine Metapher, die sich leicht erfühlen lässt: eine Stagnation durch eine Blockade oder Verengung. Meist sind Blockaden angstbedingte Widerstände.

Wenden im Traum entspricht einer inneren Umkehr. Umkehren können, wenn die Fortbewegung eine Bewegung von sich fort ist – wie existenziell wichtig ist da eine Umkehr?! Um umkehren zu können, müssen Sie innehalten. Beobachten Sie es beim Atmen. Die

4.3 Wie wir unterwegs sind: Fahrzeuge im Traum

Atemwende, die Stille in der Fülle nach dem Einatmen, bevor der Atem wieder ausströmt. Und die Stille in der Leere nach dem Ausatmen. Dieses Ansichhalten ist wichtig, damit die Umkehr vollzogen werden kann.

Im Traum in die Gegenrichtung zu fahren oder gar ein *Geisterfahrer* zu sein, kann darauf hindeuten, in der Lebensbewegung von einem gravierenden Irrtum, einer falschen Sichtweise, gelenkt zu werden. Das ist selbstgefährdend. Es könnte aber auch ein Bild für eine radikale Umstellung sein. Wer aus einer starken Gewöhnung aussteigt, muss sich zunächst gegen einen Strom von eingeschliffenen Handlungsabläufen durchsetzen.

Im Traum auf der Schiene unterwegs

Straßenbahnen, U-Bahnen, Bummelzüge, IC, ICE bewegen sich mit unterschiedlicher Geschwindigkeit und Häufigkeit des Zwischenhalts in der Führung durch die Schiene. Schienenfahrzeuge sind eine Metapher für eine zielgerichtete Lebensbewegung, Aus dem Erlebnishorizont heutiger Bahnfahrten könnte der dafür erforderliche Raum der Gelassenheit, vielleicht auch des Humors gegenüber den unplanmäßigen Verzögerungen mitgedacht werden. Idealerweise jedoch ist die Fahrt mit der Bahn die direkteste und risikoärmste Verbindung von A nach B.

In der Problemstellung könnte das Unterwegssein in Zügen auf eine Eingleisigkeit, ein Festgefahrensein im Denken und Handeln hinweisen. Wegkorrekturen sind im Schienenverkehr nicht möglich. Es könnte eine Aufforderung sein, einen harten Fokus gegen einen weichen auszutauschen und vielleicht auch mal eine interessante Nebenstrecke zu nehmen oder gänzlich neue Wege zu beschreiten. Auch Umwege können das Leben bereichern!

4.4 Wie es um unseren Gefühlshaushalt bestellt ist: Wasserbilder im Traum

Wasser und alle Lebensbereiche, die mit Wasser zusammenhängen, thematisieren die Gefühlswelt des Träumers. So, wie das Leben sich im Wasser entwickelt hat, sorgen Gefühle dafür, dass wir uns lebendig fühlen – selbst, wenn es unangenehme Gefühle sind. Ein Kollege pflegt gerne zu sagen: »Besser Neid als gar kein Gefühl.« Wer schwierige Phasen von Gefühlsarmut bis hin zur Gefühlstaubheit erlebt hat, wenn nichts mehr zu uns spricht und nichts mehr in uns in Resonanz mit der Welt geht, weiß was gemeint ist.

Bilder aus Träumen der Gefühlsarmut mit einer dürftig belebten bis resignativen Gefühlsqualität können folgende sein: Rinnsale, trockene Flussbetten, eine Rose in von Trockenheit aufgesprungener Erde.

Es kann aber auch des Gefühls zu viel sein. Wasserrohrbrüche im Haus, Matsch, in dem der Träumer den Halt verliert, Sumpfgebiete, Überschwemmungen, ins Meer hinausschwimmen und nicht mehr an Land kommen, wären dafür einige Traumbilder.

Ging es bisher um Gefühlsintensität, geben die *Aggregatszustände des Wassers* Auskunft darüber, wie es aktuell um den Kontakt des Träumenden zum Gefühl bestellt ist.

Gefrorenes Wasser, Schnee und Eis deuten auf erstarrte Gefühlszustände hin. Das kann in einer Zeit drohender Gefühlsüberflutung sinnvoll sein. Über gefrorene Seen können wir trockenen Fußes laufen und lustvoll Schlittschuh fahren. Schnee schützt den Boden und die darunter liegende Vegetation vor harter Kälte. Skifahren kann Spaß machen.

Aber der Frühling, wenn wir einen Neuanfang wollen, verlangt, dass wir unsere Schutzhaltung aufgeben, die eingefrorenen Gefühle unter der Sonne dahinschmelzen lassen. Das heißt, dass wir zulassen können, mit unseren Gefühlen in Berührung zu kommen.

4.4 Wie es um unseren Gefühlshaushalt bestellt ist: Wasserbilder im Traum

Stehende Gewässer neigen genauso wie stehende Gefühle zur Eintrübung. Tümpel in Träumen weisen auf einen Gemütszustand des »Vor-sich-hin-Dümpelns«, bar jeder Begeisterung und Erkenntnis, hin. Dagegen sind *bewegte Gewässer*, wie zum Beispiel muntere *Bäche*, klar und entsprechen einer erfrischenden, heiteren Stimmung.

Flüsse und Ströme können ein Bild mitreißender, bis zuweilen überschießender Gefühle sein.

Die *Meere* sind ein Sinnbild für das unergründliche Reservoir der unbewussten Gefühle.

Interessant im Traum sind auch alle *Errungenschaften der Zivilisation im Zusammenhang mit Wasser*. Sie weisen auf entwickelte Fertigkeiten hin, mit Gefühlen umzugehen, sie zu regulieren oder sich nutzbar zu machen.

Mit Gummistiefeln und Regenschirm können wir inmitten von Gefühlen trocken, also nüchtern und vernünftig bleiben.

Scheibenwischanlagen erlauben es auch in emotionalen Stimmungslagen mit klarem Durchblick unterwegs zu sein. Sanitäre Einrichtungen wie Bad, Dusche, Munddusche, Badewanne, Sauna etc. sind allesamt Einrichtungen der Reinigung und entsprechen im übertragenen Sinn einer Klärung über den Kontakt zu unseren Gefühlen. Sprinkleranlagen gewährleisten eine stete und wohl dosierte Gefühlsversorgung. Das ist wichtig für alle Wachstumsprozesse.

Berufe in Verbindung mit Wasser, wie Klempner, Heizungsmonteure, Bademeister, Kapitäne oder U-Bootfahrer, weisen eine systematisch erworbene Handlungskompetenz im Gefühlsleben aus.

Der *Klempner* sorgt dafür, dass das Wasser dort und in dem Maße hinkommt, wo es benötigt wird. Hier wird also die Fähigkeit der Gefühlsregulierung angezeigt, im Sinne von Maß und Ziel. Diese Fähigkeit verhindert Reizüberflutung oder Gefühlsstau.

Heizungsmonteure sorgen, im übertragenen Sinn, für eine Wohltemperierung des Gemüts durch Gefühlsregulierung.

U-Boote können der Erforschung der Meere, aber auch dem Krieg dienen. Ein *U-Bootfahrer* zu Beginn eines Traumes, in dem wir die Problemstellung erwarten, kann auf die problematische Haltung des »Abtauchens« hinweisen oder, schlimmer noch, auf unbewusste

Selbstsabotage aus dem Gefühlsbereich. Solche Selbstsabotage können frühe Botschaften sein, wie zum Beispiel: »Aus dir wird eh nichts!« Diese Glaubenssätze untergraben unsichtbar und doch wirkungsvoll das Selbstwertgefühl.

Der U-Bootfahrer am Ende eines Traumes könnte so etwas wie das blinde Vertrauen dafür sein, dass das Unbewusste, auch wenn wir schlafen, gut für uns sorgt. Dass sich da etwas in uns in unseren Tiefen gut auskennt und sicher für uns zu navigieren weiß.

Freizeitaktivitäten im Zusammenhang mit Wasser deuten darauf hin, dass wir lustvoll mit Gefühlen umzugehen wissen: Schwimmer, Luftmatratzenkapitäne, Surfer, Stand-Up-Paddler, Segler und Ruderer. Wobei letztere mehr Muskelkraft aufwenden müssen, um gegen den Widerstand des Wassers, gegen den Widerstand der Gefühle vorwärtszukommen. Während Segler den Wind, die Kraft der Gedanken nutzen, um Fahrt im Gefühlsterrain aufzunehmen. Was dabei herauskommen kann, wenn wir gekonnt mit unseren Gefühlen umzugehen wissen, dichtete Mascha Kaléko: »Es artet jeder Wassersport zumeist in Liebe aus.« (Kehr, 2020).

4.5 Was machen die Gedanken? Die luftigen Bilder im Traum

Einer der führenden Wissenschaftler der Bewusstseinsforschung, Antonio Damasio, beschreibt den Menschen als ein fühlendes Wesen, das denke, und ein denkendes Wesen, das fühle (Damasio, 2021, S. 17). Zwischen Gefühl und Vernunft bestehe ein »tiefgreifender Unterschied«, aber kein Gegensatz. Fühlen und Denken – eines nicht ohne das andere.

Auf die Ebene der Metaphern gehoben, ist die Vernunft der Luftraum, der über dem Wasser schwebt. So, wie wir auf der körperlichen Ebene Atemzug für Atemzug, Herzschlag für Herzschlag auf den

Sauerstoff angewiesen sind, benötigen wir Vernunft für ein Leben, das der menschlichen Würde entsprechen könnte. Wir können uns entscheiden. Darin liegen unsere Freiheit und unsere Verantwortung.

Es gibt Traumbilder, die den Anteil an Vernunft betonen. Die prominentesten sind die Träume vom Fliegen.

Fliegen und alle Berufe in diesem Zusammenhang lassen nach unserer gedanklichen Freiheit fragen.

Wenn wir zu Beginn des Traumes fliegen, dann könnte darin allerdings das Problem ausgedrückt sein, dass wir gedanklich abgehoben haben und den Boden unter den Füßen, den Bezug zur Realität, verloren haben.

Fliegen wir gegen Ende eines Traumes, haben wir Kraft der Gedanken einen großzügigeren Blick auf unser Leben gewonnen und bewerten anders.

Im Traum unterwegs zum Flughafen zu sein, deutet darauf hin, dass die Bedingungen für das Freisein bereits vorhanden sind. Es kommt nur mehr auf uns an, zur rechten Zeit vor Ort und bereit zu sein, für einige Zeit alles zurückzulassen, was uns niederhält. »Über den Wolken muss die Freiheit wohl grenzenlos sein ...« sang einst Reinhard Mey und bezauberte uns.

4.6 Wie wir uns verhalten: Tiere im Traum

In unterschiedlicher Ausprägung haben Tiere Intelligenz, mit der sie sich auf die Umwelt beziehen. Sie zeigen Lernfähigkeit und intentionales Verhalten. Geist und Vernunft werden dem Tier nicht zugesprochen und von daher auch keine Entscheidungsfreiheit und Verantwortung. Wir sprechen deshalb nicht vom Handeln des Tieres, sondern vom Verhalten. Tierisches Verhalten ist überwiegend eingebettet in den Instinkt.

Tiere im Traum sind als eine Metapher für gefühlsgrundierte Verhaltensweisen des Träumers zu befragen. In der Problemstellung des Traumes kann diese Metapher hinweisen auf unbewusste, unkontrolliert ablaufende Verhaltensmuster, Reaktionen aus dem Affekt oder Formen der Getriebenheit. Die Stellung des Tieres im evolutionären Prozess kann Hinweis darauf geben, aus welcher Entwicklungsphase des Träumers dieses Verhalten herrühren könnte. Im Lösungsanteil deutet die Instinktsicherheit des Tieres auf die Qualität der Unmittelbarkeit. Tiere sind keine Bedenkenträger. Wir tun intuitiv das Richtige.

Es ist hilfreich, den Lebensraum und die Eigenart des Tieres zu explorieren. Auch die Sozialität des Tieres ist von Interesse. Ist es ein Einzelgänger oder lebt es im Rudel oder im Schwarm? Wovon ernährt sich das Tier? Ist es ein Tag- oder Nachtjäger?

Im Folgenden wird exemplarisch an häufig im Traum vorkommenden Tieren angeregt, über emotional grundierte Verhaltensweisen des Menschen nachzudenken.

Hunde – die Treue behüten

Hunde erleben wir in ihrem Verhalten auf ihr Frauchen oder Herrchen ausgerichtet. Insofern können Hunde im Traum als der Teil unseres Verhaltens betrachtet werden, welcher der Treue zu uns selbst intuitiv folgt und diese Treue auch bewacht und verteidigt. Die unterschiedliche Größe der Hunde spielt eine Rolle und auch die Besonderheiten im Verhalten der jeweiligen Hunderasse. Ist es ein Hüte- oder Jagdhund? Ein Schoß- oder ein Kampfhund? Verwahrloste Hunde weisen auf eine vernachlässigte Treue zu sich selbst hin. Sehr oft ist es auch ein bestimmter Hund, der den Träumer, die Träumerin in einer bestimmten Phase des Lebens treu begleitet hat. Dann ist sowohl diese Lebensphase als auch die spezielle Eigenart dieses Tieres, hinsichtlich der Problemstellung des Traumes zu befragen.

Katzen – die Souveränität, Bedürfnisse zu vertreten

Die Katze holt sich, was sie braucht und tut, was sie will. Sie lässt sich nicht abrichten wie der Hund. Deshalb werden mit der Katze im Traum die Souveränität und die Freiheit verbunden, für die eigenen Bedürfnisse einzutreten. Die Wildkatze ist gegenüber der domestizierten Katze von noch größerer Durchsetzungskraft – dieses emotionale Verhalten kann in Paarbeziehungen eine besondere Herausforderung darstellen, denn hier sind es ja mindestens zwei Freiheiten, die im besten Fall einander grüßen oder ihrer einsamen Wege gehen. In der anschließenden Folge mehrerer Träume einer Träumerin wird das deutlich: Eine Wildkatze verwandelt sich in einen Hund.

> Eine 70-jährige Träumerin, die ihre herrschsüchtige, 104-jährige Mutter hingebungsvoll betreute, hatte neben dieser nervenaufreibenden Pflegesituation mit ihrem Mann eine schwere Krise im eigenen Betrieb zu bestehen. In dieser angespannten Lage brachte die konflikthafte Beziehung zu ihrem ältesten Sohn die Träumerin an den Rand des Tragbaren. Der Sohn hatte sein Erbteil bereits veruntreut und forderte weitere finanzielle Unterstützung ein.
>
> Auf dem Höhepunkt der Krise schreitet am Ende des Traums, im Lösungsteil, ein *Schneeleopard* durch das Bild. Schneeleoparden haben die Fähigkeit, in ausgesprochen unwirtlicher, eisiger Einsamkeit zu überleben. Für die Träumerin, die sich selbst nicht anders kannte, als eine Frau, die immer für andere da war, weckte diese Metapher ein Potenzial: Die Möglichkeit, einsame und starke Wege des Eintretens für das eigene Bedürfnis zu gehen. »Halte das kalte Klima aus!«, »Lass dich nicht angreifen von der mangelnden Anerkennung und dem fehlenden Applaus von Sohn und Mutter!«
>
> Der Schneeleopard tauchte in weiteren Träumen auf und stabilisierte ihre Emanzipation in dem vereinnahmenden Familiengefüge. Doch nach einiger Zeit erschien der Schneeleopard im ersten Bild und wurde somit in die Problemstellung des Traumes gerückt.

4 Das Reich der Metaphern

> Es wurde deutlich, dass das ehedem befreiende emotionale Regulationssystem im partnerschaftlichen Leben zum Problem geworden war. Die Träumerin nahm ihre Vereinsamung in der Ehe wahr.
> Schließlich, in einem späteren Traum, wurde der Schneeleopard zu einem Hund.
> Die Träumerin begann, die Treue zu sich selbst zu pflegen. Dazu gehörte ihre Sehnsucht nach einer gelebten Partnerschaft. Sie lernte, ihre Bedürfnisse in der Ehe zu kommunizieren und gemeinsam zu leben.

Das Schaf – das Gemeinschaftsgefühl

Schafe und alle Schafwollprodukte verweisen auf ein emotionales »Strickmuster«, sich nur in der Gemeinschaft sicher, geborgen und wohlzufühlen. Kritisch hinterfragt, deutet das Schaf auf Anpassung als Leit- und auch »Leidmotiv« hin. Denn Individualität wird hier als bedrohlich empfunden. Das berüchtigte »schwarze Schaf« unterscheidet sich von anderen, wird dadurch schuldig und zum »Sündenbock« der Herde erklärt. Es ist ein mutiger Schritt, auf die Wärme der Anpassung und der Anerkennung zu verzichten und seine Eigenart auch gegen Anfeindung zu vertreten.

»Ich bin mein Stil«, das Postulat von Paul Klee an die revolutionären Künstler seiner Zeit ist das Pendant zum Schaf und wohl auch die Aufforderung an uns, wenn wir von Schafen träumen.

Die Kuh – der Langmut, gründlich zu verdauen

Die Kuh mit ihren vier Mägen und dem intensiven Wiederkäuen der pflanzlichen Nahrung kann als Lösungsvorschlag betrachtet werden, sich Bewusstwerdungsprozesse auf der emotionalen Ebene gründlich angedeihen zu lassen. Daraus wird Milch, das Grundnahrungsmittel für das Kind, ein neues Leben in uns. In der Problemstellung des Traumes können wir die Metapher der Kuh als die emotionale Neigung verstehen, längst »Gegessenes« immer wieder hochzuholen und wiederzukäuen. Dies kann sich als Problemverhalten in der Tendenz zum Nachtragen oder zu anhaltendem Grübeln äußern.

Das Pferd – ein Sinnbild emotionaler Vitalität

Wir verbinden mit dem Pferd Vitalität und Freiheit. Jedoch ist das Pferd auch ängstlich und zeigt ein ausgeprägtes Fluchtverhalten. Einem Hindernis, einem Wassergraben würde es ausweichen, es sei denn, der Reiter brächte es dazu, darüber hinwegzuspringen. Insofern ist bei der Exploration dieser Metapher der Reiter, der es zu führen weiß, mitzudenken. Wenn wir unsere starke, gefühlshafte Lebendigkeit zu lenken und den Fluchtmodus zu zügeln wissen, gelingt uns eine große, anmutige, wie kraftvolle Lebensbewegung.

Der Elefant – die Kraft der Transformation

Elefanten sind die größten Landtiere. Sie fressen bis zu 19 Stunden am Tag Pflanzen und trinken auf einmal 140 Liter Wasser. Elefantenbullen nehmen an Körpermasse ein Leben lang zu. Elefantenkühe leben mit den Jungtieren in Herden, sozialen Gebilden mit klarer Rangordnung. Die Bullen bilden eine Art freier Junggesellenverbände.
Elefanten werden als Ingenieure des Ökosystems gesehen. Je nach Fruchtbarkeit oder Kargheit des Lebensraums bearbeiten Elefanten einen entsprechend großen Aktionsraum auf der Suche nach Nahrung und Wasser. Sie knicken dabei Bäume um oder entrinden sie und bahnen dadurch Wege durch geschlossene Waldflächen. In diesen Bereichen siedeln sich Pionierpflanzen an. Gleichzeitig transportieren und verbreiten Elefanten Pflanzenarten über gefressene Samen. Manche Pflanzensamen gewinnen über die Passage durch den Magen-Darm-Trakt des Elefanten eine höhere Keimfähigkeit. Finden sie kein Wasser, graben Elefanten Löcher, die auch anderen Tieren als Wasserquelle dienen.
Elefanten zeichnen sich durch kognitive Fähigkeiten aus. Asiatische Elefanten erkennen sich selbst im Spiegel, sie haben eine Art Ichbewusstsein (Elstern, Delphine und Menschenaffen haben diese Fähigkeit auch). Besonders hervorstechend ist die Gedächtnisleistung des Elefanten. Laute von vor langer Zeit abgewanderten Elefanten werden wieder erkannt und beantwortet. Sie erinnern Verletzungen und haben Traumata, die bis in das Fötalstadium zurückreichen können. Elefanten, die als Jungtiere durch eine Fußfessel gefangen genommen wurden, bleiben durch die Erinnerung an die Gefangennahme gebunden, selbst wenn sie längst die Kraft hätten, die Fußfessel mit Leichtigkeit zu lösen.
Träumen wir von Elefanten, ist eine große Helferkraft in uns am Werk. Im Gedächtnis der Wunde bahnt und kultiviert sie das Leben. Das ist eine großartige Transformationsleistung! Denn leider ist es ja meist so, dass die Erinnerung schwerer Verletzungen uns mindestens zu innerer Immigration, zum Rückzug in Beziehungen bewegen. Subtil oder markant werden wir zu Eigenbrötlern, verschanzen uns,

stets zur Abwehr oder zum Gegenangriff bereit. Schlimmstenfalls werden wir destruktiv, werden aus Opfern Täter. Die Metapher des Elefanten besagt: Stecken Sie Ihre Kraft nicht in die Pflege von Schutzhaltungen und verschwenden Sie sie nicht, im Bestreben die Wunde loszuwerden. Die Wunde bleibt. Werden Sie stattdessen zum Baumeister neuer Wege in der Verbundenheit mit dem Leben. Was ist dazu nötig? Täglich eine Menge Bewusstwerdungsprozesse (Pflanzen) und viel Gefühl (Wasser) – nicht tröpfchenweise! Elefanten stellen auf geistiger Ebene eine große Transformationskraft vor, die ein Leben lang noch weiter zunimmt.

In Indien ist der Elefant heilig. Vor manchen Tempeln stehen diese Riesen und spenden Segen. Erst nimmt der Rüssel des Elefanten ein paar Rupien entgegen und steckt sie dem Treiber zu. Dann legt der Elefant seinen Rüssel in einer anmutigen Bewegung mit unsagbarer Sanftheit, die Sie den Atem anhalten lässt, auf Ihren Scheitel. Diese Berührung werden Sie nicht mehr vergessen.

Fische – Bedürfnisse des Menschseins

Der Fisch lebt im Wasser, wie unsere Bedürfnisse im Gefühl.

Leben entwickelte sich zunächst im Wasser. Die Meere waren vor dem Land, die Fische vor den Wirbeltieren. Das Leben des Säuglings hängt am seidenen Faden der Befriedigung seiner Bedürfnisse. »Groß werden« heißt, die Befriedigung von Bedürfnissen auch aufschieben zu können, Frustrationstoleranz zu entwickeln, eine Wahl zu treffen und damit andere vielversprechende Möglichkeiten auszuschließen. Wir kultivieren Wünsche.

Die Grundbedürfnisse nach Nahrung und Schlaf, Zugehörigkeit, Respekt unserer Grenzen, Unterstützung, Wertschätzung und Anerkennung, Kreativität und Freiheit gehören zum Menschsein. Auf dieser Basis gedeiht unsere persönliche Welt.

4 Das Reich der Metaphern

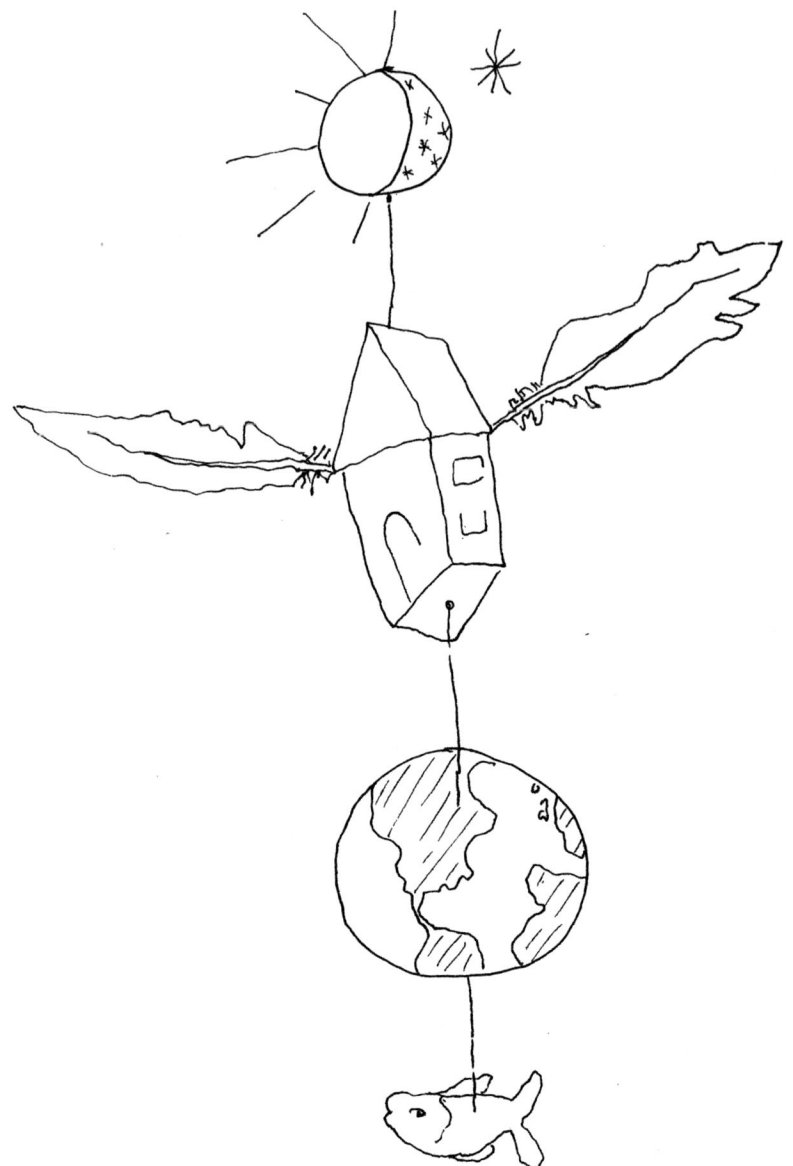

4.6 Wie wir uns verhalten: Tiere im Traum

Bedürfnisse gehören zum basalen Gefühlsausdruck des Menschen. Bedürfnisse beleben uns, sie haben eine Triebkraft. Manchmal erscheint es jedoch so, als hingen wir an der Angel unserer Bedürfnisse. Frühkindlich unzureichend gestillte Bedürfnisse oder eine dauernde Missachtung unserer Grundbedürfnisse können die Regulation von Bedürfnissen erschweren bis ganz außer Kraft setzen.

Raubfische deuten im übertragenen Sinn auf eine gehörige Dosis Aggression hin, mit der wir dann eine Befriedigung unserer Bedürfnisse an uns reißen. Wer sich an Unterwasseraufnahmen erinnert, in denen ein Kameramann mit einem blutigen Stück Fleisch in einem Metallkäfig den donnernden Angriffen eines Hais entgegensieht, dem ist sofort diese nicht ablassende Energie gegenwärtig, die selbst dann nicht nachlässt, wenn Zähne zu Bruch gehen, die Nase blutig gerissen wird. Der Hai ist dafür gerüstet. Er hat eine doppelte Zahnreihe und ein Revolvergebiss. Ausfallende Zähne wachsen nach.

Die Haienergie könnte zum Beispiel auf ein frühkindlich ungestilltes Bedürfnis nach Anerkennung hinweisen. Auch wenn man sich immer wieder eine blutige Nase holt, völlig erschöpft ist, man hört nicht auf, es wieder und wieder zu versuchen. Und je weniger die Beziehung die Anerkennung freigibt, desto hartnäckiger und wütender werden die Anstrengungen, die Anerkennung dennoch diesem kalten Ort abzutrotzen.

Insekten – kleine Tiere mit großer Wirkung

Insekten kommen recht häufig in Träumen vor. Als Tiere sind sie evolutionär gesehen in der »Kinderstube« der Entwicklung des Lebens verortet und werden deshalb in der Problemstellung des Traumes als »Plagegeister« der Kindheit verstanden. Insekten sind meist klein und schwer zu fassen, haben jedoch großes Störpotenzial. Denken Sie an die eine *Mücke* in Ihrem Schlafzimmer! Mancher Insektenstich kann schlimme Folgen haben und tödliche Krankheiten übertragen. Selbstabwertende Glaubenssätze können derart fatale Wirkungen haben. Elefanten werden von einer Vielzahl Insekten besiedelt. Das gehört zum Gedächtnis der Wunde. Sie duschen die Plagegeister gelegentlich ab oder Vögel picken sie von ihrer Haut. In unseren Träumen sind wir dankbar um »Spiderman«, um die *Spinnen*. Sie weben ein feinstes Netz und fischen diese heimtückischen Angriffe aus der Atmosphäre ab und vertilgen sie. Diese Sichtweise auf die Spinne ist natürlich außer Kraft gesetzt bei Träumenden mit einer Spinnenphobie.

Die *Ameisen* werden als eine der erfolgreichsten Tierarten bezeichnet. Ameisen gab es bereits vor den Dinosauriern. Der Erfolg ihres langen Überlebens liegt in der Stärke ihres Kommunikationssystems. Allein haben sie keine Chance, gemeinsam konnten sie alle Veränderungen der Erde überleben, bis heute. Ameisen sorgen für die Verrottung von Abgestorbenem und wandeln dies in Erde um. Sie lockern den Boden auf und ermöglichen die Verwurzelung der Pflanzen. Auch sie transportieren Samenkörper. Ameisen werden als »Gärtner« und »Polizisten« des Waldes bezeichnet. Kaum sichtbar und doch, ohne die Ameise wäre unser Ökosystem wohl so nicht denkbar. Insofern wird die Ameise auch als Metapher für die fleißigen Kräfte des Unbewussten verstanden, die emsig und gut vernetzt und nahezu unsichtbar für unser Überleben sorgen.

Desgleichen gilt für alle fliegenden Insekten im Lösungsteil des Traumes. Sie sorgen für die Befruchtung der Pflanzen und sammeln fleißig wie die *Biene* für die Süße des Lebens. Die *Hummel* hebt gar die Gesetze der Schwerkraft auf. Physikalisch betrachtet, kann die Hummel bei ihrem Körpergewicht im Verhältnis zur Größe der Flügel eigentlich nicht fliegen. Sie tut es aber doch! Eine schöne Metapher für die Auftriebskraft des Geistes entgegen einem emotionalen Schwergewicht, wie etwa bei einer depressiven Stimmung. Es ist möglich, sich in die geistige Freiheit aufzuschwingen, eine übergeordnete Perspektive einzunehmen und Herzenswünsche (Blumen) zu befruchten.

Der Schmetterling oder Leicht im Sein

Im Griechischen wird die Seele »Psyche« genannt und oft mit einem Schmetterling symbolisiert. Die Seele und der *Schmetterling* sind ätherisch leicht. Der Weg in diese Leichtigkeit führt durch zwei sehr verschiedene Stadien der Verwandlung, die unterschiedlich lange Zeit benötigen. Die Metamorphose von der Raupe zur Puppe, Laasphe oder Chrysalis, zum wundervollen Schmetterling kann in wärmeren Ländern nur wenige Tage, in anderen Gegenden Wochen und auch Jahre dauern.

Einmal sah ich in einem Schmetterlingshaus eine Larve, aus der bereits ein Schmetterlingsflügel lugte. Ich wollte zusehen, wie der Schmetterling schlüpft. Lange Zeit stand ich so da, bis das Haus schloss. Es war scheinbar nichts weiter geschehen.

In der dunklen Nacht des Wartens weiß die Raupe oder das Wesen in dem Kokon vermutlich nichts von der Schönheit des Schmetterlings. Die Verwandlung verlangt Demut und Vertrauen. Geduld ist nötig. »Geduld ist alles«, schrieb Rilke (Rilke, 1997, S. 17). Der Schmetterling im Traum ist ein schönes Bestätigungsbild für eine tiefgreifende und mit langem Atem durchgetragene vollkommene Wandlung. Die Befreiung aus dem Gefängnis des Traumas kann so ein Weg sein.

Schlangen – Bewegung gegen den Widerstand

Eine Schlange kommt auf einer Glasplatte nicht voran. Mit der Schuppenhaut kann sie sich nur an einem Widerstand nach vorne abstoßen. Was für eine besondere emotionale Kraft, die sich an inneren Widerständen nicht aufreibt, sondern dort die Gegenkraft entwickelt, um sich fortbewegen zu können! Dabei schlängelt die Schlange sich in einer in sich zurückgebogenen Bewegung und bringt sich entgegen des Widerstands nach vorne.

Die Schlange häutet sich ein Leben lang. Die Veröffentlichung »Häutungen« (Stefan, 1975) von Verena Stefan war für die Frauenbewegung in den 1970er Jahren ein kleines Buch von großer Bedeutung. Das Abstreifen traditioneller Beziehungsmuster als Weg der Selbstfindung war ein wichtiges Thema.

Die Schlange ernährt sich von vielen unterschiedlichen Beutetieren. Sie verschlingt sie ganz und verdaut sie gründlich. Im übertragenen Sinn bedeutet dies: Die Kraft, sich gegen den Widerstand nach vorne zu bewegen, räumt mit vielen anderen emotionalen Verhaltensweisen radikal auf, insbesondere mit jenen, die mit Fluchtverhalten verbunden sind, wie zum Beispiel mit der *Maus*, dem verhuschten Angstwesen in uns. Die Schlange riecht ihre Beute mit der gespaltenen Zunge. Mit den beiden Spitzen kann sie deren Verortung bestimmen. Dies kann im Traum für den Riecher stehen, dafür, was dem Leben schmeckt: die Angst aufessen, bevor sie die Seele auffisst. Vielleicht erinnern Sie sich an den Fassbinder-Film von 1974 »Angst essen Seele auf«?

Als Metapher können wir die Schlange entlang ihrer biologischen Eigenschaften als ursprünglichen Lebenstrieb verstehen. Allein die schwarze Schlange deutet auf eine Verdunkelung des Lebenstriebs hin, die sich in depressiver Gestimmtheit bis hin zu suizidalen Gedanken äußern kann.

Die *Fledermaus* gehört zu der Ordnung der Flattertiere und ist das einzige Säugetier, das selbstständig fliegen kann. Die blinde Fledermaus kann als ein Sinnbild für die Fähigkeit verstanden werden, sich intuitiv und allein mit Hilfe der Resonanz sicher zu bewegen.

Zu Beginn eines Traumes kann die Fledermaus zum Beispiel die problematische Schutzhaltung der Überanpassung aus der Kindheit anzeigen: Gleich einem Radar werden Bedürfnisse und Stimmungen seismographisch wahrgenommen, um das Verhalten an die Erwartungen und Bedürfnisse anderer anzupassen. Diese Schutzhaltung, die in frühen Lebensjahren insbesondere in dysfunktionalen Familienstrukturen emotional überlebensnotwendig ist, kann in späterem Alter zur blinden Anpassung bis hin zur Selbstaufgabe führen.

Die Fledermaus am Ende eines Traumes versinnbildlicht die Fähigkeit, sich im Terrain des Unsichtbaren oder des Unbewussten sicher zu bewegen. Alle guten Therapeuten und Berater haben diese »Batman-Qualitäten«!

Vögel – Verhalten, das frei wird

4 Das Reich der Metaphern

Hier erhebt sich im übertragenen Sinn emotionales Verhalten in den Raum der Vernunft (Luftraum). Zugvögel fliegen über weite Strecken, um im Süden zu überwintern. Vögel singen ihr Lied. Auch dies ist biologisch eine Funktion, die durch ein Mehr an Luft im Körper möglich ist. Die Vögel haben neben den Lungen zusätzliche Luftsäcke. So können sie atmen und gleichzeitig die Luft aus diesen Behältnissen am Kehlkopf entlang ausströmen lassen und singen. Das Singen dient der Absteckung des Reviers und der Anlockung des Weibchens. Gesteuert wird es durch das Hormon Melatonin, das nachts gebildet und mit dem Ansteigen der Helligkeit ausgeschüttet wird. Der Star singt 15 Minuten vor Sonnenaufgang sein Lied. Die Kohlmeise ist 30 Minuten vor dem Morgenrot dran. Der absolute Frühaufsteher ist der Gartenrotschwanz. Er erhebt seine Stimme schon 80 Minuten vor dem Morgenrot. Der unterschiedliche Zeitpunkt des frühen Gesangs könnte im übertragenen Sinn die unterschiedlichen Phasen im Übergang vom Abschluss einer Lebensphase hin zu einem Neubeginn ankündigen. Ein Neubeginn geschieht wie ein Sonnenaufgang nicht von jetzt auf gleich, es ist ein Weg dorthin. Wirklich nachts singt nur die Nachtigall. Mit der in der Stille entsprechend größten Wirkung – auch auf uns Menschen. Ihr Lied berührt unsere Sehnsucht danach, zu lieben und geliebt zu werden.

In der Metapher der *Taube* paart sich die Freiheit mit einem Spürsinn für den Weg zu sich. Über 800 bis 1.000 Kilometer findet die Taube den Weg nach Hause. Die Annahme, die Taube würde sich am Sonnenstand orientieren, hat sich als nicht tragend erwiesen. Es scheint stattdessen so zu sein, dass sich die Taube organisch am Magnetfeld der Erde orientiert. Die Taube deutet auf den feinen Spürsinn für die Anziehung zum Authentischen hin. Was für ein Symbol! Das arabische Wort »Tauba« bedeutet »Umkehr«.

Das Maß der Emotion im Verhalten

Ein Übermaß der Emotion im Verhalten erleben wir als »getrieben«: Wir sind zu schnell, können keine Pausen machen, wir kriegen keinen

Fuß in die Tür, beziehungsweise keinen Gedanken mehr zwischen den Impuls und die Tat. Wir können nicht anders. Viele Tiere im Jagdmodus geben dafür ein gutes Bild ab. Das *Krokodil* etwa stellt so eine extreme Form der überschießenden Aggression dar.

Gegenüber der äußersten Getriebenheit, am entgegengesetzten Ende der Skala: die *Schnecke*. In der Problemstellung kann die Schnecke die Zurückgezogenheit in der Schutzhaltung bedeuten. In der Lösung entspräche die Schnecke der Entdeckung der Langsamkeit. Dazu eine Anregung aus dem Roman »Das Geräusch einer Schnecke beim Essen«:

> »Denk nicht daran, wieviel zu tun ist, welche Schwierigkeiten zu bewältigen sind oder welches Ziel erreicht werden soll, sondern widme dich gewissenhaft der kleinen Aufgabe, die gerade ansteht und lass das für heute genügen.« (Bailey, 2015, S. 35)

4.7 Wie wir über uns selbst hinauswachsen: Das Pflanzenreich im Traum

Das Wachstum der Pflanze, deren Metamorphose in der Zeit vom Samen bis zur Fruchtreife im Wandel der Jahreszeiten, ist eine vielschichtige Metapher, unterschiedlicher Aspekte der Selbstwerdung und des Menschseins.

Einfach sein

Die Pflanze macht sich nicht aus dem Staub und sie geht auch nicht jagen. Die Pflanze ist verwurzelt. Sie verhält sich nicht. Sie ist an einem Ort und wächst dem Licht entgegen. Das Wachstum der Pflanzen ist von verschiedenen Grundbedingungen abhängig. Sind diese gegeben, gibt es kein Vertun: Aus dem Apfelkern wird kein

Birnbaum. Die Pflanze kann nichts falsch machen. Ihre Entwicklung ist zweifelsfrei. Sie kann den Wachstumsprozess auch nicht optimieren noch sich ihm entziehen.

Die Pflanze ist ein Bild für das In-sich-Gründen und Bei-sich-Bleiben. Dem eigenen Seinsgrund einer fraglosen Selbstentfaltung ergeben, ist sie ein großes Bild für die Stärke der Demut.

Mit dem Bild der erblühenden Rose beschrieb der schlesische Mystiker Angelus Silesias diese Identitätserfahrung jenseits aller Sinnfragen und der Resonanz im Außen: »Die Ros ist ohn warum; sie blühet, weil sie blühet, sie acht nicht ihrer selbst, fragt nicht ob man sie siehet.« (von Petersdorff, 2023, S. 724).

Zeit und Sein

Neben der Art der jeweiligen Pflanze stellt das Bild der Pflanze, auf die geistige Ebene übertragen, die Bedeutung der Zeit hinsichtlich Problembewältigung und Persönlichkeitswachstum anschaulich vor. Es braucht das Verweilen in der Zeit und ihren unterschiedlichen Zeitqualitäten. Die Pflanze versinnbildlicht die unterschiedlichen Stadien der Bewusstwerdung, die mit ganz verschiedenen Erlebnisqualitäten einhergehen. Sie bedingen einander und führen zur Reife.

Beginnen wir mit dem Ende eines Wachstumszyklus, der den Anfang des Neuen in sich birgt. Im *Spätherbst* wird die Wasserversorgung in den Wurzelbereich zurückgezogen. Es findet kein weiterer Austrieb mehr statt. Die Blätter verwelken und werden abgeworfen. Die Natur in dieser Zeit ist ein schönes Bild dafür, dass sich die Emotionen aus der Peripherie ins Zentrum der Person zurückziehen. Unsere Aktivitäten verlagern sich im Spätherbst vom Außen- in den Innenbereich, mehr ins Haus. Es ist die Zeit der zunehmenden Dunkelheit und des Gedenkens an die Verstorbenen.

Nun ist es nicht so, dass in der Pflanze nichts mehr geschähe, die Natur kennt keinen Stillstand. Der Spätherbst wirkt auf uns wie ein Austragen im Inneren, vergleichbar mit dem Prozess der Kontemplation. Wir blicken zurück und ziehen Bilanz: Was ist zu einem Ab-

4.7 Wie wir über uns selbst hinauswachsen: Das Pflanzenreich im Traum

schluss gekommen oder verbraucht und darf losgelassen werden? Welche Prozesse des sich neigenden Jahres bringen uns gut durch den Winter, tragen ins neue Jahr?

Denken wir an die Bevorratung der Tiere, an das eifrig Nüsse sammelnde Eichhörnchen. Im Garten überlegen wir, was gut gediehen ist und planen fürs neue Jahr. Wir schaffen Raum für neue Herzenswünsche. Wir pflanzen und bringen Frühlingsblüher in die Erde. Wir schauen zurück, um uns nach vorne neu auszurichten. Eine Zeit der Kontemplation, die Sinn schöpft für die Aktion in der Zukunft – all dies ist mit Herbstbildern im Traum angesprochen.

Die *Advents- und Weihnachtszeit* ist reich an Bildern der Einkehr, des Erwartens und der Ankunft in uns selbst. Das Licht der Welt, das in einer ärmlichen Krippe zur Welt kommt, ist ein wärmendes Sinnbild dafür, dass gerade in Zeiten der inneren Heimatlosigkeit ein neues Leben in uns Raum nehmen kann. Der Christbaum ist ein Nadelbaum. Die Nadeln sind evolutionär betrachtet eingerollte Blätter, die nicht mehr am Kreislauf des Jahres, des Wachsens und Vergehens teilnehmen. Der Nadelbaum kann als eine Metapher für das Festhalten an einer Schutzhaltung aus den Verletzungen der Kindheit verstanden werden. Sie besteht darin, andere beständig abzuwehren, auf Abstand zu halten. In der Weihnachtszeit schmücken wir diesen Baum, wandeln wir die Haltung der Abwehr. Wir öffnen uns dafür, Liebe zu verschenken und mit Liebe beschenkt zu werden. Wir verwandeln uns in eine leuchtende, Trost und Hoffnung ausstrahlende Lebensgestalt.

Die Natur im *Winter* kann ein Bild dafür sein, dass es sich lohnt, auszuhalten. Dass wir auch dann, wenn es dunkel um uns ist und wir noch nicht sehen, wie es weiter gehen kann, dennoch vertrauen dürfen und Geduld haben können.

»Weine nicht in die Kissen, weine hinauf«, schrieb Rilke (Rilke, 2006, S. 576) und mit dem »Hinaufweinen« meinte er, dass unser Weinen, unsere Dunkelheit, eine Richtung bekommen soll, indem wir darauf vertrauen, dass auch diese Zeit in einer höheren Ordnung, im größeren Ganzen, ihren Sinn hat. Ruhezeiten, Zeiten, in denen scheinbar nichts Konstruktives geschieht, geben notwendigen inneren Gestaltungsprozessen Raum. So können wir uns getrost überschneien lassen. Der Schnee fällt; jede Flocke auf ihren Platz.

Die Natur versöhnt uns mit Rückschlägen. Trotz harter Fröste, denen mancher Trieb oder eine schwache Pflanze nicht standhalten kann, geht der Prozess des Wachstums weiter. Winter ist auch die Jahreszeit, um ein Scheitern neu zu bewerten. Anstatt uns mit Selbstvorwürfen zu belegen, können wir zugeben, dass Scheitern weh tut, uns die Nase putzen und wieder aufstehen.

In den Briefen an einen jungen Dichter schrieb Rilke:

> »Seien Sie geduldig und ohne Unwillen und denken Sie, dass das wenigste, was wir tun können, ist, Ihm das Werden nicht schwerer zu machen, als die Erde es dem Frühling macht, wenn er kommen will.« (Rilke, 1997, S. 33)

Viel ist getan, wenn wir allein den Widerstand gegen einen Neuanfang aufgeben.

Frühling ist die Einwilligung in das Werden. Wir spüren die sinnliche Freude, den Duft neuer Ideen und deren betörenden Zauber. Das Vogelkonzert am Morgen hebt uns aus den Federn. Aus der Innerlichkeit des Winters nimmt der Frühling seine überbordende Kraft. »Mein Herz gleicht der vergessenen Kapelle; auf dem Altare prahlt ein wilder Mai.« (Rilke, 2006, S. 63).

Der *Sommer* ist die Zeit des Reifens. Die Zeit der Besonnung, in der die Früchte unserer Auseinandersetzung süß werden, weil wir sie ausreichend dem Streben nach innerer Harmonie ausgesetzt haben. Manchmal kann es auch zu viel der Sonne sein. Und es gibt verregnete Sommer. Beides, übermäßiges Streben nach Harmonie sowie zu viel Gefühl, kann einen Bewusstwerdungsprozess zum Kippen bringen. Die Frucht verdirbt vor der Zeit der vollendeten Reife.

»Herr: es ist Zeit. Der Sommer war sehr groß […]« (Rilke, 2006, S. 304). Mit dem *Herbst* setzt die Ernte ein und der Beginn einer Weiterverarbeitung der gewonnenen Erkenntnisprozesse. Das ist ein weiterer Aspekt des Bildes der Pflanze, der Nutzen der Verarbeitung. Beim Getreide haben wir das Brot vor Augen und beim Weinstock den gekelterten Wein.

4.7 Wie wir über uns selbst hinauswachsen: Das Pflanzenreich im Traum

Wozu taugt ein Erkenntnisprozess? Was können wir daraus machen? Lassen sich aus dem Holz der gewachsenen Erkenntnisse Möbel schreinern? Können Sie in Ihren Erkenntnissen wohnen? Lassen sich aus diesem Holz Boote bauen, die uns sicher auf den Wassern unserer Gefühle fahren lassen?

Und vergessen wir nicht, die Früchte unseres Wachsens und Reifens zu genießen, sie auf der Zunge zergehen zu lassen, um sie ganz zu verinnerlichen!

Vom Samen bis zum Ausreifen der Pflanze erleben wir eine erstaunliche Metamorphose. Bei den einjährigen Pflanzen findet diese im Verlauf von vier Jahreszeiten statt. Die mehrjährigen Pflanzen, insbesondere die *Bäume,* repräsentieren ein majestätisches Bild der Entwicklung des Lebens von der Wiege bis zur Weisheit des Alters.

> »Ich lebe mein Leben in wachsenden Ringen,
> die sich über die Dinge ziehn.
> Ich werde den letzten vielleicht nicht vollbringen,
> aber versuchen will ich ihn.
>
> Ich kreise um Gott, um den uralten Turm,
> und ich kreise jahrtausendelang;
> und ich weiß noch nicht: bin ich ein Falke, ein Sturm
> oder ein großer Gesang.«
> (Rilke, 2006, S. 201)

Kein Ring, keine Stufe der Reifung, kein Abschnitt des Lebens kann übersprungen werden. Kein Frühling ohne den Winter. Bis zur Ernte braucht es Zeit. Das Gras wächst nicht schneller, wenn wir daran ziehen.

Die Vielfalt der verschiedenen Pflanzenarten kann auf die unterschiedlichen Phasen im Entwicklungsprozess hindeuten und die dazu gehörige Haltung, die wir uns selbst gegenüber einnehmen, veranschaulichen. Ob wir stiefmütterlich von uns denken oder wachsen wie ein Baum, größer könnte ein Unterschied kaum sein.

Blumen – da ist nach Herzenswünschen zu fragen.

> »Unsere Wünsche sind Vorgefühle der Fähigkeiten, die in uns liegen, Vorboten desjenigen, was wir zu leisten imstande sein werden. Was wir können

4 Das Reich der Metaphern

und möchten, stellt sich unserer Einbildungskraft außer uns und in der Zukunft dar; wir fühlen eine Sehnsucht nach dem, was wir schon im Stillen besitzen.«, schrieb Goethe (Goethe, 1970, Bd. 6, S. 369).

Aufgeblühte Blumen locken mit ihrem Duft und ihrer Farbe Insekten an, die sie bestäuben. Im übertragenen Sinn bedeutet das, dass Herzenswünsche, die sich nach außen öffnen, die Hoffnung ausdrücken, wahrgenommen zu werden, um sich zu vermehren.

Die *Rose* verstehen wir in ihrer Innigkeit und ihrem Duft als ein Bild der Liebe, die in ihrem Zentrum die innige Liebe zu uns selbst ist und sich von dort aus dem anderen verschenkt. So viele unterschiedliche Rosensorten es gibt, so viele Gedichte und Geschichten über Rosen geschrieben wurden, so oft und so lange die Rose über die Kulturgrenzen hinaus als Symbol für die Liebe verstanden wird, so häufig und vielgestaltig sind Rosenträume. Rosen sind, wie die Liebe, widerständig, blühen lange, auch in den ersten Frost hinein. Wenn die Luft steht, die Freiheit nicht zirkuliert, das mögen Rosen und die Liebe nicht.

Zur Rose gehören die Dornen. Auch, wenn es sich im Sprachgebrauch so eingebürgert hat, botanisch gesehen haben Rosen keine Dornen, sondern Stacheln. Weniger poetisch müsste es eigentlich »Stachelröschen« und nicht »Dornröschen« heißen. Stacheln und Dornen

4.7 Wie wir über uns selbst hinauswachsen: Das Pflanzenreich im Traum

haben die Funktion, die Pflanze vor Fressfeinden und in sehr heißen Gegenden vor Wasserverlust zu schützen. Im übertragenen Sinn heißt das, um lieben zu können, müssen wir uns auch abzugrenzen wissen.

Rose Ausländer thematisiert diesen Aspekt der Liebe im folgenden Gedicht:

»Dornen
Wir haben Rosen
gepflanzt
es wurden Dornen
Der Gärtner
tröstet uns
die Rosen schlafen
man muss auch
seine Dornenzeiten lieben.«
(Ausländer, 1988)[3]

Die Liebe hat unterschiedliche Ausdrucksformen in der Zeit. Es gibt Zeiten, in denen, auch wenn wir nichts anders anstreben, als zu lieben (wir haben Rosen gepflanzt), die Liebe zu uns selbst und zu anderen verlangt, dass wir Grenzen aufzeigen, Nein sagen, für Abstand sorgen (Dornen). Aus der Arbeit mit Klienten und aus eigener Erfahrung weiß ich, wie schwer das sein kann. So viel schöner ist es, die Liebe zu verschenken und der Anziehung und Bewunderung Raum zu geben. Wohltuend ist es deshalb, dass Rose Ausländer diesem manchmal schmerzhaften abgrenzenden Ausdruck »tröstet«. Der Gärtner weiß, was die Rose, die Liebe bedarf, um zu gedeihen. Die »Rosen schlafen«. Die Liebe benötigt Zeiten der Regeneration, des Rückzugs auf sich selbst. Könnten wir unsere Dornenzeiten lieben, würde es uns leichter fallen, den dazu nötigen Abstand zumal gegen emotionale Energieräuber wehrhaft zu verteidigen.

---

3 Rose Ausländer, Dornen. Aus: dies., Und preise die kühlende Liebe der Luft. Gedichte 1983–1987. © S. Fischer Verlag GmbH, Frankfurt am Main 1988.

4 Das Reich der Metaphern

Der Rat des Gärtners

Geben Sie die Saat Ihrer Herzenswünsche einzeln, in kleinen Abteilungen in die Erde, den Raum Ihrer Kreativität. Am besten geben Sie jedem Samenkorn einen Namen. Den Namen einer Idee, die Ihr Leben reicher, schöner, weiter macht. Das kann etwas ganz Kleines sein, wie zum Beispiel »singen am Morgen«. Es darf aber auch etwas Großes sein wie »wieder Vertrauen ins Leben fassen«, »sich einer Beziehung zu öffnen«, »eine Lieblingsidee in die Tat umsetzen« oder »sich selbständig machen«.

Behalten Sie die Aussaat zunächst geschützt in Ihrem Innenraum. Die größte Herausforderung im Keimstadium von Herzenswünschen ist das besonnene Maß, die Wohltemperierung. Licht, Bewusstheit, doch keine pralle Sonne. Gehen Sie nicht zu hitzig, aber auch nicht zu unterkühlt an die Ideen heran. Mit Gefühl den Boden der Kreativität benetzen, jedoch nicht überschwemmen. Gute Ideen können in zu viel Gefühl davonschwimmen!

Gut ist es außerdem, die Aussaat immer wieder in die frische Luft der freien Gedanken zu bringen. Auch Mondlicht ist günstig. Die dunklen Seiten unserer Persönlichkeit, die sogenannten Schatten, haben eine geheimnisvolle Wirkung auf das Wachstum unserer Herzenswünsche.

Dann brauchen Sie in erster Linie Geduld. Eine Engelsgeduld! Denn es passiert eine lange, lange Zeit erstmal scheinbar nichts. Werden Sie nicht säumig, üben Sie sich in aktivem Warten. Es lohnt sich!

Eines völlig unbedeutenden Tages, wenn Sie schon nicht mehr damit gerechnet, ja die Aussaat fast vergessen haben, geschieht etwas. Das erste zarte Keimblättchen schiebt sich durch die Erde ans Licht. Sie haben den filigranen Ansatz eines Bewusstseins entwickelt, wie Sie Ihre Idee verwirklichen könnten.

Ist Ihr Herzenswunsch im Raum Ihrer Kreativität aufgegangen, zart wie ein Schaudern am Morgen, genießen Sie dieses Stadium und beschützen Sie das Wachstum weiterhin wie Ihren Augapfel. Schließen Sie sanft Ihre Lider und schenken Sie Ihren Ideen Ruhe und inneres Reifen.

Wenn die Pflänzchen etwa handbreit hoch sind, dürfen Sie an einem freundlichen Tag an das Auspflanzen im Garten denken. Suchen Sie sich geräumige Stellen, Freiräume für Ihre Ideen und wählen Sie passende Nachbarn, einen Herzenswunsch, den Sie in Ihrem Leben bereits umgesetzt haben und der zu der neuen Idee passt. Lockern Sie die Erde etwas auf und geben Sie die Pflänzchen achtsam in je eine Vertiefung. Bedecken Sie sie mit einem guten Wunsch. Von da an sollten Sie nur mehr auf Unkraut achten und auf Schnecken, auf die ganz besonders!

Das Sich-Zurückziehen, das Sich-Anpassen, in gesteigerter Form und schlimmer noch, das Kriechen oder »Schleimen« sind die gefräßigen und vernichtenden Feinde von originellen Ideen. Meiden Sie dieses Verhalten wie der Teufel das Weihwasser! Schnecken lieben die Feuchtigkeit. Achten auf Sie auf Ihre Gefühle!

Sobald Ihre Herzenswünsche die Grashöhe reichlich übertroffen haben, gibt es eigentlich keinen Grund mehr zur Sorge. Verbringen Sie Ihre Zeit damit, Ihren Herzenswünschen beim Wachsen zuzusehen! Unkraut wie Grübeln, Ärger und Selbstzweifel haben keine Chance mehr. Wechselnde Wetterlagen können keinen Schaden mehr anrichten. Selbst Frost wird Ihre Herzenswünsche nicht mehr zum Verschwinden bringen. Die Blüte Ihrer Herzenswünsche wird Ihr Leben zum Leuchten bringen!

»Kann ich mir das leisten?«, fragen Sie erschrocken.

Der Gärtner antwortet lächelnd: »Ja, sicher! Dafür sind Sie doch hier!«

4.8 Der schöpferische Grund: Die Erde

Verstehen wir die Pflanze metaphorisch als Bewusstseinsprozess der Selbstwerdung, so erschließt sich die Erde als der schöpferische

Grund, aus dem wir unseren Anfang nehmen und in den wir nach dem Tod zurückverwandelt werden. Die Erde, als Seinsgrund, als Bild für die Substanz, lat. sub stare »darunter stehen«, das Darunterstehende. Die Erde, die uns trägt, »Mutter Erde«.

Geerdet zu sein bedeutet, sich nicht in Gedanken zu verflüchtigen, sondern sich getragen zu wissen und zu tragen, was das Gegebene aufgibt. So, wie die Erde den Menschen (er-)trägt: »Du trägst das alles. Und wie trägst du's schön.« (Rilke, 2006, S. 365).

Fruchtbare Erde ist durchlässig für Wasser, Licht und Luft. Versiegelte Erde, geteerte oder betonierte Flächen schließen Wachstumsprozesse aus. Auf die psychische Verfasstheit übertragen: es gibt Gründe, derart dicht zu machen: die Scham, sich zu zeigen, die Verletzlichkeit nicht wagen zu wollen, die Angst vor dem Tod. Verdichtungen gewährleisten Schutz und Stabilität. Petrus, der Fels, auf dem Jesus seine Kirche bauen wollte. Verdichtungen bis hin zu Versteinerungen sind aber auch unlebendig. Es kann nichts mehr passieren – aber es passiert auch nichts mehr! Die gute Nachricht ist: Es gibt ein Leben vor dem Tod – und es wartet auf Sie!

Was ist es für ein erfrischendes Bild, wenn in den Rissen einer Betondecke eine Pflanze sprießt! Explosionen oder Vulkanausbrüche im Traum zeigen, welche durchschlagende Energie nötig sein kann, um psychische Versteinerungen aufzubrechen, gleichzeitig zeugen sie von einer bahnbrechenden Lebensenergie im Träumer.

Die Erdkruste birgt viele Rohstoffe, die als »Bodenschätze« bezeichnet werden, weil sie einen hohen Wert für das Leben haben. Erdöl in der verarbeiteten Form als Plastik oder Benzin, Diamanten, Silber und Gold spielen in Träumen des öfteren eine Rolle. Erdöl wird aus der Tiefe der Erdkruste gefördert. Geht uns im Traum der Treibstoff für unsere Lebensbewegung aus, haben wir den Kontakt zu den Ressourcen in der Tiefe unseres schöpferischen Bereichs verloren. Diamanten werden aus den Schloten erloschener Vulkane geborgen. Macht das nicht Lust auf einen Mutausbruch?! Silberne Gegenstände oder ein Silberstreif am Horizont werden geträumt. Silber muss zur Gewinnung geläutert werden. Silber im Traum bestätigt dem Träumer gelungene Befreiungsprozesse. Befreiungsprozesse kommen nicht an ein Ende, sie bedürfen der Pflege. Wie das Silber sollten wir unser Freisein gelegentlich aufpolieren. Gold wird durch das Sprengen und Zermahlen von Gestein rein gewonnen. Ortrud Grön nannte das Gold deshalb die »höchste Währung« im Traum, der pure Ausdruck unseres schöpferischen Vermögens.

Erinnern Sie sich an meinen Initialtraum, die Goldfische in der Toilettenschüssel? Das Bedürfnis, im Bild die Fische, kreativ zu werden: der Goldfisch.

4.9 Licht und Schatten und unsere Einzigartigkeit: Sonne, Mond und Sterne im Traum

Von der *Sonne* wird selten explizit geträumt. In sonnenerfüllten Bildern, in üppiger Vegetation, in der Ernte, den Sonnenblumen und unterschiedlichsten Sommerbildern und in der Farbe Gelb kommt die Sonne zum Ausdruck.

In der Sonne werden unruhige Wasserstoffkerne unter hohem Druck zu dem befriedeten Edelgas Helium verschmolzen. Die riesige Menge Energie, die hierbei frei wird, schenkt der Erde das Licht und die Wärme, die das Leben auf unserem Planeten erst möglich macht. Insofern begreifen wir die Sonne als Metapher für Kraft zur Befriedung, um die grundlegende Harmonie, die wir zum Leben brauchen, herzustellen. Scheint die Sonne in unseren Träumen, sind wir auf einem guten Weg.

Der *Mond* selbst scheint nicht. Eine gängige Theorie besagt, der Mond sei ein abgespaltenes Stück der Erde. In ihren jungen Jahren, die Erde war gerade mal 50 Millionen Jahre alt und vollständig geschmolzen, sei die Erde von einem Einschlag in Größe des Mars getroffen worden. Das abgespaltene, im All umherfliegende Gesteinsmaterial verdichtete sich zum Mond, der seither als treuer Trabant in etwa 28 Tagen die Erde umkreist. Ebbe und Flut werden durch den Mond ausgelöst.

Der Mond wird als eine Metapher für abgespaltene, nicht integrierte Anteile unserer Person betrachtet – unsere Schattenseiten. Auch sie bleiben uns unbewusst zwar und doch treu und haben einen mächtigen Einfluss auf unser Gefühlsleben.

Die dunkle Oberfläche ist lediglich die der Sonne abgewandte Seite. Indem der Mond das Licht der Sonne widerspiegelt, scheint aber auch er und erhellt die Dunkelheit. Bringen wir Licht und Bewusstheit auf unsere Schattenseiten, verliert das Dunkel den Schrecken und die Zärtlichkeit der Nacht kann sich entfalten.

Interessant ist auch, dass der Mond zu 50 % aus Sauerstoff besteht. Das Gestein des Mondes bindet den Sauerstoff. Übersetzt könnte der Mond im Traum also auch der Hinweis auf ein Potenzial an Freiheit sein: Gelingt uns die Integration unserer Schattenseiten, gewinnen wir Freiheit.

4.9 Licht und Schatten und unsere Einzigartigkeit

4 Das Reich der Metaphern

Die *Sterne* leuchten aus sich heraus, wie die Sonne. Jeder Stern ist eine Welt für sich. Und so denken wir bei Sternen im Traum an die Einzigartigkeit des Träumers.

Sternstunden sind für mich die glückseligen Momente, in denen die einzigartige Weise eines Menschen zum Vorschein kommt und wie ein Stern die Dunkelheit erleuchtet. »Wer seinem Stern folgt, der kehre nicht um.« (Leonardo da Vinci zugesprochen)

4.10 Wie wir gestimmt sind: Farben, Landschaften und Perspektiven im Traum

Farben

Farben verleihen dem Traumgegenstand oder dem gesamten Bewusstwerdungsprozess eine psychische Stimmung. Das Gestimmtsein kann sowohl gedanklicher als emotionaler Natur sein. Goethe spricht von der »Gemüthsstimmung« als Wirkung der Farbe (Schwarzer, 2011, S. 43).

Es ist jedoch nicht so, dass Träume ohne Farbe diese nicht hätten. Traumerinnerungen, in denen keine Farben auftauchen, sind kein Anlass zur Sorge. Die Folgerung, das Leben der Träumerin, des Träumers könnte mehr Farbe gebrauchen, kann gänzlich daneben liegen. Es ist schlicht so, dass in diesen Fällen die Träume auch ohne Farbe auskommen. In vielen Fällen meiner Praxis ist es so, dass zwar keine Farben in den Träumen erinnert, diese jedoch nicht als farblos beschrieben werden. Farben, so scheint es da, spielen in diesen Träumen keine Rolle.

Manchmal treten bestimmte Traum-Sujets in Farbe auf und bekommen dadurch eine spezifische Betonung, Autos zum Beispiel oder Kleidungsstücke. Bedient sich der Traum einer Farbe, so ist das die Hervorhebung einer Qualität oder die Kontrastierung hin zu einer anderen. Im Fall, dass eine Farbe im Traumanfang überwiegt, wird auf eine Eigenart des Träumers hingewiesen, die Schwierigkeiten bereitet.

Die Farben können verschiedenen Dimensionen des Menschseins zu geordnet werden:

- *Rot* für die Gefühlsintensität
- *Blau* für die Freiheit und das Denken
- *Gelb* für das Streben nach innerer Harmonie

- *Grün* für das Wachstum durch geistige Freiheit (*blau*) und Harmoniebildung (*gelb*)

Je mehr *Rotanteile* eine Farbe aufweist, desto mehr *Gefühlsanteile* sind im Spiel.

Je *wärmer*, desto größer ist die *Gefühlsintensität* und Handlungsenergie.

Rot und das Blut in unseren Adern sind bereits im Wortstamm miteinander verbunden. Und so sind die ersten Assoziationen mit der Farbe Rot häufig die pulsierende Lebendigkeit, Sinnlichkeit, Energie, Wärme. Zu wenig davon kann antriebslos machen und erkalten lassen, zu viel wirkt aufreibend und kann zerstörerisch sein.

»In roten Schuhen tanzt die Sonne sich zu Tod.« so lautet der Titel eines Gedichtbandes expressionistischer Dichterinnen. (Vollmer, 1992) Gefahren-, Stopp- und Warnschilder sind rot. Das Morgen- und das Abendrot: der Zauber des Beginnens und der Schmerz des Abschieds und Beendens. Die Scham- und die Zornesröte. Legen wir Herzblut in die Sache, meinen wir es ernst, geben wir uns ganz.

Natürlich ist die Liebe rot – mit aller Verheißung und aller Not.

Helligkeiten im Rotton lassen auf Freiheitsgrade schließen oder auf die Zartheit eines beginnenden oder zurückgenommenen Gefühls.

Dunkelheiten im Rotton lassen nach Verborgenem oder Verstohlenheit im Gefühlsausdruck fragen.

Je mehr *Blau*, desto größer ist die *geistige Freiheit*.

Je *kühler* die Farbe, desto mehr *blau*, desto mehr *geistige Freiheit* und Denkprozesse sind vorhanden

Blau wird mit der Weite des Himmels und der Freiheit des Denkens assoziiert. Blau schafft sofort Abstand, Ferne, kühlt ab. Dazu schrieb Goethe:»Wie wir den hohen Himmel, die fernen Berge blau sehen, so scheint eine blaue Farbe auch vor uns zurückzuweichen.« (Schwarzer, 2011, S. 49). Dieses Zurückweichen des Alltags, der Bedrängnisse ist es wohl auch, was das »*Blausein*«, die Trunkenheit, attraktiv macht und ein Gefühl der Befreiung vermittelt. Desgleichen drückt sich im »*Blaumachen*« aus. Wir nehmen uns die Freiheit, uns über Ordnungen hinwegzusetzen, wir steigen aus und nehmen uns eine freie Zeit.

4.10 Wie wir gestimmt sind: Farben, Landschaften und Perspektiven im Traum

Dieses Entrücktsein ist ein Signum der Romantik, die Sehnsucht nach dem Überstieg der Realität, zusammengefasst im Symbol der *blauen Blume*. Goethe: »Wie wir einen angenehmen Gegenstand, der vor uns flieht, gern verfolgen, so sehen wir das *Blaue* gern an, nicht weil es auf uns dringt, sondern weil es uns nach sich zieht.« (Schwarzer, 2011, S. 49). *Blau* legt sich dem Betrachter nicht auf wie das Rot. *Blau* zieht an, ist die Farbe der Sehnsucht. Blau schafft Raum, es lässt uns Atem holen, wie *in der blauen Stunde*, wenn der Tag zur Neige geht und die Nacht noch nicht eingetreten ist. »*Der Traum trägt das blaue Segel.*« (Hauge, 1987).

Mit dieser Überschrift eines Gedichts, eingebunden in einen blauen Gedichtband, bezeichnet der norwegische Dichter Olav H. Hauge die Sehnsucht als die Antriebskraft des Traumes.

Mischt sich ins *Rot* das *Blau*, ließe sich sagen, dass das Denken in das Gefühl einziehe. *Violett, Magenta und Pink* entsprechen der Vermittlung zwischen Fühlen und Denken, um unsere Ganzheit zu erfahren (Voinier, 2016, S. 236).

Violett ist die Farbe der Spiritualität und auch der Frauenbewegung. *Magenta* und *Pink* haben mehr Rot- als Blauanteile und besitzen somit mehr Gefühlanteile. Der *pinkfarbene* Lotus ist das Symbol für die höchste Form der Spiritualität.

Das *Gelb* der Sonnenkraft weist auf das Vermögen hin, Gegensätze nicht zu nivellieren, wie es in der Anpassung und der Harmoniesucht geschieht. Stattdessen werden Gegensätze so zueinander ins Gewicht gebracht, dass sie miteinander eine größere Energie und Wärme des Seins freisetzen. Das ist oftmals eine Gratwanderung. Entsprechend ist *Gelb* die Farbe, die am empfindlichsten auf Unreinheit und Verschmutzung reagiert. Dazu Goethe: »Wenn nun diese Farbe, in ihrer Reinheit und hellem Zustande angenehm und erfreulich, in ihrer ganzen Kraft aber etwas Heiteres und Edles hat; so ist sie dagegen äußerst empfindlich und macht eine sehr unangenehme Wirkung, wenn sie beschmutzt oder einigermaßen ins Minus gezogen wird. So hat die Farbe des Schwefels, die ins Grüne fällt etwas Unangenehmes.« (Schwarzer, 2011, S. 46). Nicht anders verhält es sich mit dem *Gelb* des Neides.

Mit *Grün* verbinden wir Hoffnung, Wachstum und Frieden. Auch hier geht es nicht um Harmoniebildung durch Gleichmacherei, sondern durch Differenzierung. Wachstum ist ein Differenzierungsvorgang. Die Vielfalt des *Grüns* in der Natur führt es uns vor Augen. *Grün* ist auch die Farbe des Herzchakras. Hier geht es darum, die Balance zwischen der Liebe zu sich selbst und der Liebe zum anderen zu bilden, gleich – gültig. *Grün* zeugt von der Geisteskraft sich einzuschwingen zwischen den Extremen der Selbstaufgabe und Selbstgefälligkeit. *Grün* beruhigt zu Recht. Noch einmal Goethe: »Unser Auge findet in derselben Farbe [Grün, Anm. d. Verf.] eine reale Befriedigung. Wenn beide Mutterfarben [Gelb und Blau, Anm. d. Verf.] sich in der Mischung genau das Gleichgewicht halten [...] so ruht das Auge und das Gemüth auf diesem Gemischten wie auf einem Einfachen. Man will nicht weiter und man kann nicht weiter. Deßwegen für Zimmer, in denen man sich immer befindet die grüne Farbe zur Tapete meist gewählt wird.« (Schwarzer, 2011, S. 54)

In Träumen tauchen noch andere Mischfarben häufig auf.

Türkis als Mischung von *Gelb, Blau, Grün* und Weißanteilen deutet auf einen Befreiungsprozess hin: Durch die Kraft der inneren Harmonie (*gelb*) gepaart mit geistiger Freiheit (*blau*) entsteht die Fähigkeit, Ambivalenzen bewusst (*weiß*) aufzulösen (*grün*).

Orange, als Mischung von *Rot* und *Gelb*, wird oft als Aufbruchsfarbe oder Farbe der Kommunikation bezeichnet. Orange sind auch die Gewänder der buddhistischen Mönche. Das *Orange* steht dafür, sich argumentativ kraftvoll, doch immer entlang der Harmonie auszutauschen.

Braun in allen Tönungen erinnert an die Fruchtbarkeit der Erde, den Mutterschoß, der alles aufgehen lässt, was Wachstumskraft hat.

Weiß als Lichtfarbe für die Summe aller Farben wird mit Erkenntnis und geistiger Klarheit assoziiert. Dagegen weist

Schwarz auf noch nicht Erkanntes, Unbewusstes, im Dunklen Geoder Verborgenes. *Schwarz* kann auch Eleganz und Feierlichkeit ausdrücken.

Akzentuierte *Schwarz-Weiß*-Träume, die sich im härtesten Kontrast ausdrücken, lassen danach fragen, ob der Träumer, die Träumerin aus

4.10 Wie wir gestimmt sind: Farben, Landschaften und Perspektiven im Traum

entsprechend radikal sich ausschließenden Denk- und Empfindungsmustern seine Lebensstimmung bezieht. Entweder-oder ist hier die Devise. Zwischentöne, Grautöne können schwer zugelassen werden.

Zusammenfassung:

- *Rot* – energievoll, intensive Gefühle, Wärme bis Hitze, Leidenschaft, Liebe (Blut)
- *Blau* – geistige Freiheit, Denken, Kühle, Distanz, Abstraktion (Luft, Himmel)
- *Rot + Blau = Violett* – Fühlen und Denken, Ganzheitlichkeit (Körper + Geist)
- *Gelb* – Harmonie (Sonne), leicht, heiter, behaglich, reagiert am sensibelsten auf Trübung
- *Rot + Gelb = Orange* – Energie und lichtvoller Austausch, Farbe des Aufbruchs und der Kommunikation
- *Gelb + Blau = Grün* – Harmonie und geistige Freiheit, Auflösung von Ambivalenzen und psychisches Wachstum, das Grünen in der Natur, Sinnbild der Hoffnung
- *Braun* – schöpferisch (Erde), Kreativität
- *Weiß*, Hell – Erkenntnis, geistige Klarheit
- *Schwarz*, Dunkel – unerkannt, zurückgenommen, verschwiegen

Landschaften im Traum

Weite Landschaften kommen im Traum vor allem dann vor, wenn es gelungen ist, einen inneren Konflikt, eine Ambivalenz in Richtung einer größeren Freiheit zu lösen. Weite Landschaften kommen vermehrt im vierten oder achten Bild vor. Weite Landschaften sind mit Entspannung assoziiert. Entspannung tritt auch beim vollständigen Ausatmen ein. Das Zwerchfell entspannt sich, dehnt sich aus. Diese Beobachtung ließe sich sinnlich bis hin zur Weitung der Blutgefäße und der Senkung des Blutdrucks fortführen. Die Haltung der Gelassenheit und Großzügigkeit lässt sich mit weiten Landschaften verbinden, mit der Geräumigkeit des Geistes, einen Menschen, ein Anliegen, einen Konflikt sein- und freilassen zu können.

Ebenso versinnbildlichen weite Landschaften einen Zustand des Verweilens, der Ausdehnung in der Zeit. Weite Landschaften im Traum können ein Bild dafür sein, dass die Geduld Raum in uns genommen hat: Impulse können reguliert, auf eine Reaktion kann verzichtet werden. Stattdessen verfügen wir über die Spannkraft, zuversichtlich abwarten zu können, wir können wachsen und geschehen lassen.

Weite Landschaften können ein Bild für die freilassende Erwartung sein, die entspannt geöffnete Hand.

Ebenso kann die Haltung der Kontemplation mit der Metapher der weiten Landschaft angesprochen sein, dem Vermögen allem in sich Raum geben zu können.

Meist sind weite Landschaften in kühle Farbeindrücke, in Blau und Grün, getaucht. Das entspricht der Stimmung zunehmender Freiheitsgrade (blau) und der zur Hoffnung Anlass gebenden inneren Harmonie (grün).

Eine besondere weite Landschaft stellt die *Wüste* dar. Die überwiegende Entbehrlichkeit von Pflanzen, Tieren, Landschaftsgebilden weist auf einen Seinszustand, der sich selbst genug ist.

Freilich können mit der Wüste auch Seinsorte der Verwüstung und der existentiellen Verlassenheit angezeigt sein. Das gilt auch für andere weite Landschaften im Traumanfang. Hier ist die Weite ein entgrenzter Zustand der Verlorenheit. Es ist gut vorstellbar, dass viele Kinder in der ersten Welle der antiautoritären Erziehung sich so gefühlt haben mögen.

Enge Landschaften deuten auf Zustände der Aktivierung hin, einer für die Handlung notwendigen Fokussierung. Positiv gesehen bedeutet dies ein Ausgerichtetsein auf ein Ziel: Handeln, die Energie in eine Richtung fließen lassen.

Negativ empfunden können enge Landschaften auf einen Angst- und Alarmierungszustand hinweisen. Körper und Geist sind darauf ausgerichtet, anzugreifen, fortzustürzen oder in Starre zu verfallen.

4.10 Wie wir gestimmt sind: Farben, Landschaften und Perspektiven im Traum

Die Blutgefäße sind verengt, die Energie ist konzentriert und auf Angriff oder Flucht vorbereitet. Einatmung. Das Zwerchfell zieht sich zusammen, Aufrichtung, Anspannung, Fokussierung.

Schluchten entsprechen jähen Abstürzen, die meist durch emotionale Triggerpunkte ausgelöst werden: Der Boden geht unter den Füßen plötzlich verloren. Nichts schenkt mehr Halt. Vergessen wir nicht: Eine Schlucht kann auf kurzem Weg überbrückt werden! Eine Überbrückung könnte sein, sich in solchen Situationen für einen Moment zu entschuldigen, um aus dem Raum zu gehen, die beste Freundin anzurufen, fünf Atemzüge mit langer Ausatmung zu praktizieren u.s.f.

Berge und Gipfelpanoramen in Träumen sind der Ausdruck einer bewussten Distanznahme zur Alltagsebene. Das ist nicht leicht und mal eben so: Der Aufstieg verlangt eine mit Kraft und Geduld durchgehaltene Anstrengung. Eine über einen längeren Zeitraum durchgeführte Meditationspraxis könnte so eine Anstrengung sein. Schritt um Schritt verlieren der Alltag und dessen Anforderungen an Größe und Gewicht. Der Gewinn sind Überblick und eine neue Perspektive. Jedoch, der Aufenthalt auf der entlegenen Höhe des Gipfels ist um den Preis der Einsamkeit nicht zum dauerhaften Verweilen angelegt. »[...] aber ungeborgen, hier auf den Bergen des Herzens [...]« (Rilke, 2006, S. 621).

Hügellandschaften entsprechen dem gemäßigten Auf und Ab in Lebenslagen ohne schroffe Bedrohlichkeit.

Auen sind flussnahe, befriedete Landstriche und strahlen Lieblichkeit und Milde aus. Harmonische Grüntöne bestimmen das Bild. Im übertragenen Sinn heißt das, dass es durch Auflösung von Ambivalenzen im Gefühlsbereich gelungen ist, Boden unter den Füßen zu gewinnen, und dies Bewusstwerdungsprozessen Raum gibt, zu gedeihen.

Landschaften und Länder im *Süden* verbinden wir mit der Wärme bis hin zur Leidenschaftlichkeit des Erlebens von Gefühlen, den *Norden* mit der Kühle der Vernunft. Der *Osten,* der mit dem Sonnenaufgang assoziiert ist, weist auf den Anbruch eines neuen Lebensabschnitts hin, wohingegen der *Westen,* verbunden mit dem Sonnenuntergang, auf das Beenden eines Zyklus, auch dem Untergang eines Gewesenen hindeutet.

Perspektiven im Traum sind oft mit Landschaften verbunden. Eine bestimmte Perspektive im Traum einnehmen oder zu wechseln, deutet daraufhin, dass aus dieser Blickrichtung oder durch einen Perspektivwechsel eine Erhellung des Problems oder ein Lösungshinweis zu erwarten wäre.

Wie der Traum zum Perspektivenwechsel auffordern kann, dazu ein Beispiel:

> Eine Frau, die am Vortag des Traumes in die Traurigkeit einer Kindheitsverletzung gerutscht war, fiel in der Zuspitzung des Traumes im Bild 2 kopfüber in einen Abgrund. Er war bodenlos, gleichzeitig irgendwie bekannt und sie wusste schon, es würde ihr nichts passieren. Schließlich kam ihr Fall zum Halt – die Träumerin kopfüber hängend.
>
> Der Träumerin wurde mit diesem Traum bewusst im Bild 3, dass der schlimme Schmerz, der ihr manchmal in der Beziehung den Boden unter den Füßen wegzog, eine Erinnerung und keine reale Bedrohung darstellte. Mit dieser Erkenntnis konnte sie dem Sturz ins Bodenlose ihres Kindheitsschmerzes Einhalt gebieten. Ihre neue Lebensgestalt stellte der Traum im Bild 4 vor: Innehalten und einen radikalen Perspektivenwechsel vornehmen. Sie sann darüber nach, welche positiven Seiten sich ihr anverwandelt hatten in der Folge ihres schweren Starts ins Leben. Sie dachte auch darüber nach, ihre Kindheitsgeschichte neu zu schreiben, andersherum: »Ich bin ein Wunschkind und ich finde, das sieht man mir auch an.«

Ein Perspektivwechsel könnte auch schlicht der Hinweis sein: vieles ist Ansichtssache. Bewertungen ändern sich und Probleme stellen sich durch die Änderung der Blickrichtung anders dar oder sind keine mehr.

4.10 Wie wir gestimmt sind: Farben, Landschaften und Perspektiven im Traum

Der Blick von innen nach außen, häufig im Traum dargestellt durch den Blick aus dem Fenster, entspricht einer Visionssuche. Gerade, wenn der Innenraum durch ein Zuviel an Aufgaben verstellt ist, kann dieser Blick nötig werden, um von all dem Drängenden das Wesentliche zu unterscheiden. Fragen können wie Fenster den Blick in die Weite öffnen. Wohin gehe ich? Was kann ich tun? Und: Muss es sein? Wer weiter von innen nach außen geht, etwa wenn er ein Buch schreibt, eine Internetseite gestaltet, seinen Standpunkt öffentlich vertritt, der überwindet die Angst und die Scham, Schamgewitter inklusive, und riskiert das Scheitern. Die Perspektive von innen nach außen ist meist eine Ermutigung oder Bestätigung, dass es an der Zeit ist, sich zu zeigen.

Der Blick oder die Perspektive von außen nach innen, regt an, bei sich selbst einzukehren und bei sich zu bleiben. Das morgendliche Traumnotat ist so eine Zeit mit sich. Träume mit der Perspektive nach innen können eine Aufforderung sein, »Nein« zur weiteren Beteiligung im Außen zu sagen, sich zurückzunehmen und die Welt und den anderen in Ruhe zu lassen. Umkehr in den Innenraum, nichts tun und das Leben geschehen lassen.

Die Perspektive nach oben kann dazu anregen, bewusst in die Weite zu treten, die über der Alltagsebene hinaus geht, die größer ist als wir selbst. Die Perspektive nach oben lädt ein, durch ein Gebet, eine Meditation oder wie auch immer unsere Verbindung zu dieser höheren Ebene ist, den Blick zu heben und das Übergeordnete anzusprechen. Wir entwickeln die Gegenkraft zur Schwerkraft des Schmerzes und gehen über uns und den Schmerz hinaus.

Die Perspektive nach unten oder zurück entspricht der Besinnung auf das, was uns trägt, die Substanz, der Unterhalt unseres Lebens ist. Im Grunde sind es folgende Fragen: Was hält uns, was nährt uns im Leben? Auf welchen Werten gründet unser Leben?

Wenn wir im Traum auf der Erde stehen und nach unten schauen, ist dies ein Hinweis, uns unserer schöpferischen Kraft zu erinnern. Stehen Sie im Garten im Traum, besinnen Sie sich Ihrer Herzenswünsche. Natürlich kann der Blick nach unten auch der Blick in den Keller sein, unsere Kindheit, die Basis unseres Lebensgebäudes.

Das Leben wird vorwärts gelebt und rückwärts verstanden, heißt es sinngemäß in Kierkegaards Tagebuch. Häufig wird dieser Blick im Traum angeregt durch eine Person oder ein Auto, die von hinten kommen. Oder aber durch den Hinweis auf das Zurückliegende: den Rücken einer Person, die Rückseite eines Hauses. Welche Denk- oder Handlungsweise rührt aus der Vergangenheit, Kindheit her? Welche Form der Lebensgestaltung holt Sie da ein? Der Blick zurück kann auch eine Erinnerung an kraftvolle Zeiten sein und die Möglichkeit bieten, sich mit diesen Ressourcen neu zu verbinden.

Seitenblicke nach links oder rechts sind nie verkehrt! Wie fühlt sich das an? Was denken Sie so nebenbei? Umwege nehmen, mal raus aus der Routine, etwas anders machen, sich ausprobieren. Sie werden zu Seitenblicken durch den Traum angeregt, wenn scheinbar Nebensächliches oder Zusammenhangsloses sich abseits vom Haupthandlungsstrang ereignet.

4.11 Häufige Sujets im Traum

Haarige Träume

Haare als Rudiment des Tierfells werden als emotionaler Ausdruck verstanden. Auch in der Umgangssprache verwenden wir diese Metapher als Gefühlsausdruck. Wir sagen, dass uns »die Haare zu Berge stehen«, wenn wir entsetzt sind. Wenn wir »gegen den Strich gebürstet sind«, fühlen wir uns befremdet oder irritiert. In der Metapher »krause Gedanken haben« drückt sich die Gemengelage von Fühlen und Denken aus. Gedanken, die durcheinandergeraten, wirr sind, sich winden, gehen einher mit einem ebenso gewundenen Gefühlsausdruck. Haare im Traum, die gewaschen oder gekämmt werden müssen, deuten auf eine notwendige Klärung, Entwirrung und Begleitung der Gefühle hin. Der Friseur im Traum besagt, dass wir die Kompetenz dazu haben.

4.11 Häufige Sujets im Traum

Wenn Haare im Traum abgeschnitten werden, stellt sich die Frage, ob wir uns gezwungenermaßen oder freiheitlich im Gefühlsausdruck zurücknehmen. Wollen wir möglicher Weise »alte Zöpfe«, abschneiden? Wie im »richtigen Leben« könnte ein neuer Haarschnitt im Traum den Wunsch nach einer Zäsur, nach einer deutlichen Veränderung im Gefühlsausdruck vorstellen.

Das Färben der Haare im Traum ist eine interessante Strategie, den eigenen Gefühlsausdruck zu überdecken und mit einem neuen Auftritt sich selbst und die Mitmenschen zu überraschen. Allerdings ist diese emotionale Neufindung nicht nachhaltig. Zudem stellt sich die Frage nach der Authentizität.

Das graue Haar ist dicker, was es widerständiger macht. Graue Haare im Traum können auf diese Eigenwilligkeit, die auch Starrsinn bedeuten kann, hinweisen.

Wer es über sich brächte, sich gelegentlich von dem einen oder anderen Gefühlsausdruck zu lösen, dem könnte daraus ein Hort der emotionalen Freiheit erwachsen.

Träume vom Verpassen

Züge werden in Träumen häufig verpasst, genauso Flugzeuge, Ausfahrten von Autobahnen, Abzweigungen oder Termine. Zum einen stellt sich die Frage nach dem Grund. Was in Ihnen hindert Sie daran, zur rechten Zeit am richtigen Ort zu sein? Was steht Ihrer Achtsamkeit entgegen? Zum anderen kann diese Metapher anregen, nach dem Sinn des Verpassens zu fragen. Welchen positiven Sinn könnte es gehabt haben, diese Form der Selbstbewegung und die damit verbundene Richtung jetzt auszuschlagen? War es nicht die richtige Zeit? Sollten Sie langsamer auf Ihr Ziel zugehen? Oder ist das »Wohin« Ihres Lebens zu hinterfragen und das Ziel neu zu bestimmen?

Prüfungs-Träume

Prüfungs-Träume entsprechen dem Gefühl, immer wieder auf dem Prüfstand zu stehen. Das Abitur ist die entscheidende Prüfung, die Reifeprüfung. Sie stellt die Schwelle zum Erwachsenenalter dar. Wiederholte Abi-Träume deuten darauf hin, dass der Träumer sich selbst nicht zutraut, diese Schwelle zu überschreiten. Meistens sind Abi-Träume von Versagensängsten begleitet. Weiterführende Fragen wären: Was hält Sie davon ab, wirklich erwachsen zu werden und die Verantwortung für Ihr Leben zu übernehmen? Wie würde es sich anfühlen, es zu tun?

Toiletten-Träume

Toiletten sind insofern von lebenswichtiger Bedeutung, weil hier abgegeben wird, was wir nicht verdauen können. Es würde uns vergiften, würden wir es für uns behalten. In Träumen sind Toiletten häufig besetzt, ungeschützt oder verschmutzt. Das bedeutet, dass wir in uns nicht den freien, sicheren Ort vorfinden, uns rein, im Sinn von ausschließlich, der Frage zu widmen: Schenkt es uns Leben oder macht es uns krank? Von Bedeutung ist bei der Metapher der Toilette auch: Es findet ein irreversibler Vorgang statt. Was hier losgelassen wird, ist nicht mehr zurückzuholen, davon haben wir uns ein für alle Mal getrennt. Toilettenträume sind dringliche Aufforderungen, Belastendes vollständig abzugeben.

Träume vom Sterben

Träume vom Sterben nehmen uns gefühlsmäßig sehr in Anspruch, insbesondere wenn es nahe Menschen sind, die im Traum sterben. Recken und strecken Sie sich, schütteln Sie diesen Gefühlsbelag ab. Es geht im Traum um Sie. Fragen Sie sich, was Sie mit dieser Person an problematischen Denkhaltungen oder Verhaltensweisen verbinden. Diese sind es, die in Ihnen aufgehört haben zu sein. Das ist es, was von Ihnen gegangen ist. Im Grunde sind Träume vom Sterben Träume von Neuanfängen. Loslassen und neu anfangen gehören zusammen. Das wird oft übersehen.

Manchmal sterben auch Tiere in Träumen, indem sie von anderen Tieren aufgefressen werden. Hier wird eine emotional grundierte Verhaltensweise durch eine andere aufgelöst. Wenn eine Schlange eine Maus frisst, hat der Lebenstrieb das Angstverhalten überwunden.

Wenn der sterbende Mensch im Traum Ihnen lieb und die Trennung ein großer Verlust ist, dann ist danach zu fragen: Wodurch verlieren Sie das, was Ihnen wichtig ist? Womit gefährden Sie es? Daran könnte sich die Frage anschließen: Wie könnten Sie das, was Ihnen lieb, ja vielleicht das Liebste ist, besser schützen?

4.12 Ein Sonderthema: Zahlen im Traum

Zahlen stellen ein Sonderthema dar insofern die Zahl an sich nicht gegenständlich ist. Gleichwohl träumen wir von Zahlen. Uhrzeiten werden häufig geträumt, Geldbeträge werden benannt, Altersangaben werden gemacht. Busse und Bahnen haben im Traum Nummern, Häuser auch.

Wir können zunächst die Zahlen auf den Erlebnishorizont des Traumes hinterfragen. Was macht der Träumer normalerweise um diese Uhrzeit? Die »Linie 8« könnte eine oft befahrene Strecke des Träumenden gewesen sein oder auf ein Lebensalter hinweisen. Wie erlebte der Träumer diese Zeit?

Die Zahl im Traum könnte ein im allgemeinen Sprachgebrauch verankerter Code mit Geschichte und Bedeutung sein. Der häufig verwendete Ausdruck »08/15« meint, dass etwas nichts Besonderes, sondern billiger Standard sei. Der Zahlencode geht auf ein 1908 entwickeltes Maschinengewehr zurück (Friebe & Albers, 2011, S. 65). 1915 wurde dieses für den Einsatz im Ersten Weltkrieg leichter gebaut, normiert in großer Stückzahl und von daher preisgünstiger hergestellt.

Vielleicht hat der Träumer einen Bezug zu einer Numerologie der Esoterik. Das Enneagramm (altgriechisch: enna für »neun«) stellt für den Weg der Selbstbefreiung die Bezüge zwischen Zahlen und Charakterfixierung her (Jaxon-Bear, 2003).

Wie lassen sich die Zahlen, zu denen der Träumer keinen dieser Bezüge hat, hermeneutisch-phänomenologisch erschließen?

Für Ortrud Grön war klar, Zahlenangaben in Träumen sind in Bezug zu den Stufen des Bewusstwerdungsprozesses zu lesen (Grön, 2007, S. 31): als präzise Standortbestimmung des Träumers und Wegbeschreibung für die nächsten Schritte.

4.12 Ein Sonderthema: Zahlen im Traum

1. Vom *Eins*sein und dessen Störung aus nimmt die Auseinandersetzung ihren Lauf. Je nach dem an welcher Stelle im Traum die Eins vorkommt, kann sie ein Hinweis auf den Ausgangspunkt oder aber auch eine Einsicht kennzeichnen, die zu neuem Einssein führt.
2. *Zwei* deutet auf das Entzweitsein, den Zweifel, eine innere Zwietracht bis hin zur Zerrissenheit, psychologisch ausgedrückt, die Ambivalenz hin. Die Zwei der Dualität, der Entweder-Oder-Haltung kommt gelegentlich im zweiten Bild auch als Zahl vor.
  Die Zwei kann auch ein Hinweis auf eine Polarität sein, im Sinn einer grundlegenden Unterschiedlichkeit, die jedoch seinsmäßig zusammengehört und eine Einheit bildet. Jeder Pol existiert nur insofern es den Gegenpol dazu gibt. Zum Beispiel: Tag und Nacht, Licht und Schatten, Ein- und Ausatem, Ich und Du, Leben und Tod, Geist und Materie, Vernunft und Gefühl, Mann und Frau. Die Zwei der Polarität, die auf die Einheit abzielt, findet sich manchmal auch als Zahl gegen Ende im Lösungsteil des Traums.
3. Aller guten Dinge sind *drei*. Die Heilige Dreifaltigkeit. These, Antithese, Synthese. Die Drei im Traum verweist auf das dritte Bild im Traum, den verbindenden Wunsch, der uns aus der Ambivalenz befreit.
4. *Vier* rechte Winkel bilden ein stabiles Quadrat. Die vier Jahreszeiten sind das Gestaltbild von Werden und Vergehen im Kreislauf der Natur. Die vier Himmelsrichtungen ordnen den Raum und schenken Orientierung. Die Vier im Traum kann ein Hinweis auf eine stabile, weil in sich zur Ruhe gekommene Lebensgestalt sein.
5. Mit allen fünf Sinnen sehend, fühlend, schmeckend, tastend, hörend die neue Lebensgestalt ausprobieren. Komm ins Handeln! Die *Fünf* im Traum ist ein Hinweis auf das fünfte Bild im Traum: das Umsetzten, das Ausprobieren der neuen Lebensgestalt.
6. Die *Sechs* tritt auf. Sechs ist eine Ansage. Innere Aufrichtigkeit mit Entschlossenheit zu vertreten, kann in der Tat auch sexy, anziehend sein, im Gegensatz zu: Ich weiß noch nicht so genau, kommt darauf an...

7   *Sieben*, die Zahl, die im Traum in die Kindheit deutet. Die Sieben ist auch im Märchen ein Code für Aufgaben, die die Heldin, der Held zu bestehen hat, damit alles ein gutes Ende findet. Das Schneewittchen lebt hinter den sieben Bergen mit den sieben Zwergen. Die Siebenmeilenstiefel des gestiefelten Katers. Das »verflixte siebte Jahr« stellt die Beziehung vor Herausforderungen, die in der Tiefenstruktur der Beziehungspartner begründet sind.
8   Die liegende *Acht*, die ewige Wiederholung von Täuschung und Enttäuschung, der Kränkung und des Gekränktseins. Die Achterbahn der Gefühle wird aufgehoben in eine aufrechte Acht, zweimal vier, die gedoppelte Gestalt des Bei-sich-angekommen-Seins durch die Regulierung der Kindheitsdramen. Die Acht kann im Traum ein Hinweis auf eine innere Befreiung aus den Knoten der Kindheit sein.
9   Drei mal drei ist neun. Dreimal wurde die Störung des Gleichgewichts überwunden, dreimal sich für den Wunsch, der frei macht, entschieden. Die *Neun* im Traum ist ein Hinweis auf die in diesem Prozess gewonnene Souveränität, die Führung im eigenen Leben übernommen zu haben.
10 Die *Zehn* ist eine Einheit. Ein neues Einssein wurde gewonnen. Ein Abschnitt ist vollendet.

In den Zahlen 1 bis 28 setzt sich der Träumer mit der Kindheit und Jugend auseinander. Das ist die Anzahl der Tage des Mondumlaufes und des Menstruationszyklus der Frau.

Mit der 30 wird ein neuer Lebenszyklus eröffnet. In drei Abschnitten gliedert sich der Weg dorthin:

- 1 bis 10: Hier setzen wir uns mit den Ängsten der Kindheit auseinander.
- bis 20: Wir sind nun frei für die Hinwendung zu unseren Lebenswünschen.
- 21 bis 30: Wir sind auf dem Weg, unsere Erkenntnisse in eine Lebensgestalt umsetzen zu können.

4.12 Ein Sonderthema: Zahlen im Traum

Die Zahlen ab 30 wiederholen diese drei Phasen auf einer höheren Warte unseres Seins.

Ein Leben lang umkreist uns der Mond, umkreisen uns unsere Schattenseiten, hat unsere Kindheit Wirkung auf uns. Die zweistelligen Zahlen geben einen Anhaltspunkt dafür, inwiefern das augenblicklich für uns ein Thema ist.

Die Hausnummer 57 im Traum weist daraufhin, dass die neue Lebensform (5) mit der Bewusstwerdung der Kindheitsverletzungen (7) verbunden ist.

Die dreistelligen Zahlen beschreiben die Suche nach den Lebenswünschen, die in jeder Lebensphase neu bestimmt werden müssen.

Die Tausend entspricht der Vollendung der schöpferischen Kreativität. Der tausendblättrige Lotus ist im Hinduismus, Buddhismus und auch in der ägyptischen Mythologie ein Symbol für die höchste Form der Spiritualität.

Im Märchen »Tausendundeine Nacht« kreiert Scheherazade Geschichte um Geschichte und rettet so ihr Leben. Die vierstelligen Zahlen im Traum können Hinweise darüber geben, wo wir uns im Prozess des Gestaltens befinden und eine Reflexion darüber einleiten.

Zum Abschluss des Zahlenkapitels möchte ich zeigen, mit welcher Stringenz Ortrud Grön mit Zahlen im Traum umgegangen ist.

Ein Träumer hatte binnen drei Wochen drei Träume, in denen er im Traum angerufen wurde und Telefonnummern durchgegeben wurden – nicht mehr und auch nicht weniger. Ortrud Grön übersetzte die Nummern Ziffer um Ziffer als genaue Wegbeschreibung, wie der Träumer sich gerade mit seinem Leben auseinandersetzte.

Das Telefonieren im Traum ist ein sehr feines, weil elektromagnetisches Gespräch mit sich selbst. Die Reduzierung auf die Zahlenreihen wirkt wie eine Betonung der Dringlichkeit: Sieh von allem anderen ab! Allein hierauf richte dein Augenmerk.

Ortrud Grön las jede Ziffer einzeln:

4 Das Reich der Metaphern

> Erster Traum: 0150 oder 0152
> Auf der Suche, mich aus Blockaden zu befreien = 01,
> bleibe ich zurzeit noch in der Ambivalenz (2) stecken,
> meine Gefühle und Gedanken offen zeigen zu können = 52
>
> Zweiter Traum: 016091905777
> Der Weg in die Harmonie
> ist durch Ausspruch meines neuen schöpferischen Wunsches = 016
> auf der langen Suche zu dessen Gestaltungsmöglichkeit = 0919
> nunmehr auf die Entfaltung aller fünf Sinne angewiesen = 05
> um die bereits erkannte Blockade durch die Vater-Beziehung
> endgültig zu besiegen = 777 (3x7)
>   (Diese Handynummer ist die Verbindung zum Aufspüren des restlichen Weges, der noch zu gehen ist, damit die Verwirklichung des Wunsches beginnen kann.)
>
> Dritter Traum: 0179
> Meine Energie zur Selbstbefreiung = 01
> wird aus der bereits erkannten alten Blockade und der gewonnenen neuen Freiheitsvorstellung gespeist =79.
> (Grön, 2007, aus dem Schriftverkehr mit dem Träumer)
>
> Der Träumer bestätigte diese Lesart vollumfänglich und fühlte sich bestärkt, so weiterzugehen.

Keine Angst, so schwer ist das nicht! Die Zahlen werden jeweils mit den Phasen des Bewusstwerdungsprozesses, Bild 1 bis 10, in Beziehung gesetzt.

Zur Erläuterung sei angefügt, Ortrud Grön wusste von der problematischen Vater-Sohn-Beziehung, die der Träumer noch lange nach dem Tod des Vaters zu bewältigen suchte.

5 Lesen des Traumes

Bereits im vorangegangenen Kapitel wurde gezeigt, dass ein und dieselbe Metapher sowohl einen Hinweis auf das Problem als auch die Lösung vorstellen kann, je nachdem an welcher Stelle im Gesamtzusammenhang des Traumes die Metapher steht. Das Zentrum des Gesamtzusammenhanges ist unumstößlich der Träumer. Ausschließlich von ihm ausgehend und sich an seiner Erfahrung der Stimmigkeit messend, lässt sich der Traum ins Verständnis heben.

5.1 Die Metapher erschließen

Um einen Text, auch einen Bildtext, lesen zu können, sollte dieser am besten zuvor verschriftlicht werden. (Zum Traumnotat werde ich in ▶ Kap. 6.1 noch ausführlich kommen.) Nachdem Sie also Ihren Traum aufgeschrieben haben, sinnen Sie darüber nach, was Sie am Tag zuvor beschäftig hat.

Damit ist nicht die Frage nach dem, was Sie getan oder erledigt haben, gemeint. Es ist die Frage danach, was Sie berührt hat. Das kann etwas verschwindend Kleines sein, ja etwas Ätherisches, ein Geruch oder eine Melodie, der aufschauende Blick eines Kindes oder ein fallendes Blatt.

Wenden Sie sich danach wieder Ihrem Traumtext zu und lassen Sie ihn auf sich wirken. Was ist das für eine Stimmung? Wenn Sie Ihrem Traum eine Überschrift geben wollten, wie würde sie lauten?

Das Traumthema

Im Traumanfang ist das Traumthema angelegt. Meist ist das eine Beschreibung einer Situation, eines Raumes in Verbindung mit Personen. Hier konstelliert sich das Problem. Zunächst kann das recht harmlos aussehen, doch von hier aus nehmen die Handlungsstränge ihren Lauf.

Der Traum reagiert auf eine Störung. Denken Sie nochmal an den Vortag. Was war seltsam? Wo sind Sie aus dem inneren Gleichgewicht geraten? Gab es einen Moment, an dem Sie ins Staunen gerieten über sich? Was hat Sie neugierig gemacht? Was beschäftigt Sie zurzeit? Worum geht es Ihnen eigentlich?

Forschen Sie im Traumbeginn nach dem Impuls, der das Suchsystem Ihres Gehirns in Gang gebracht haben könnte.

Der individuelle Erfahrungshorizont

Nehmen wir zum Beispiel einen Apfelbaum am Anfang eines Traumes. Zuerst sollten Sie prüfen, ob das ein bestimmter Apfelbaum ist. Ist es ein Baum, den Sie selbst zu einem bestimmten Anlass gepflanzt und großgezogen haben? Ist der Baum aus dem Garten Ihrer Eltern oder Großeltern? Welche Erinnerungen verbinden Sie mit diesem Baum? Welche Atmosphäre prägte diese Zeit?

Lassen Sie das Gebäude der Erinnerung in sich aufsteigen, so wie es Marcel Proust geschah, als er die in Lindenblütentee getunkte Madeleine auf seiner Zunge zergehen ließ (Proust, 2013, Bd. 1, S. 67–71).

Mit diesem Tee-Ritual seiner Kindheit, mit dem Geschmack der Madeleine entfaltete sich in Proust so unvermittelt die versunkene Zeit seiner Kindheit, dass er es mit einem »Herzaussetzer« verglich. Die 4.500 Seiten, die in den folgenden sieben Jahren entstanden, wollte er deshalb zunächst mit dem Titel »Intermittences du Coeur« – »Herzrhythmusstörungen« überschreiben. Später wurde daraus der Titel »À la recherche du temps perdu« – »Auf der Suche nach der verlorenen Zeit«.

Genau darauf ist das Bild im Traum angelegt: Es bringt uns in Berührung mit einem in der Erinnerung abgespeicherten Gefühl. »Traum ist das Wort, des sanften Falles in dein Gefühl [...]« (Rilke, 2006, S. 365). Wenn ein Gegenstand aus der Kindheit im Traum repräsentiert wird, lassen Sie zu, dass das Ihre »Madeleine« ist. (Tatsächlich gibt es in Frankreich die beliebte Radiosendung »Was ist Ihre Madeleine?«. Hörer wünschen sich ein Musikstück, das sie in ihre Kindheit versetzt.)

Wenn Sie diese Zeit, aus der der Gegenstand im Traum herrührt, in sich Raum geben, welches Lebensgefühl steigt da in Ihnen auf? Im Grunde ist es tatsächlich wie ein »Herzaussetzer«. Es ist ein Punkt aus der Vergangenheit, der bis in die Gegenwart hineinwirkt. Die Bilder des Traumes lesen lernen, kann zu einer »Re-lektüre« (Ortheil, 2023, S. 21) der Vergangenheit werden.

Zu Beginn des Traumes suchen wir nach der Schwierigkeit. Was hat Sie in dieser Zeit blockiert?

Der allgemeine Erfahrungshorizont

Der Apfelbaum ist geistesgeschichtlich betrachtet ein Symbol für die Entwicklung des Lebens. Der erste Apfelbaum ist uns aus der Schöpfungsgeschichte bekannt. Der Baum der Erkenntnis von Gut und Böse. Im übertragenen Sinn könnte der Apfelbaum die gewachsene Erkenntnis darstellen, das, was gut ist und Leben schenkt, von dem zu unterscheiden, was destruktiv ist. Eine Metapher der über Jahre entwickelten Selbstfürsorge.

»So lasst uns denn ein Apfelbäumchen pflanzen« lautete der Titel eines in den 1980er Jahren viel diskutierten Buches des Psychiaters und Neurologen Hoimar von Ditfurth. Mit diesem Bild setzte der Autor die Haltung der Hoffnung den globalen Bedrohungen der Menschheit entgegen. Der Apfelbaum als Zeichen der Entscheidung für die Hoffnung auf Leben.

Botanisch ist der Apfelbaum ein Rosenblütengewächs. Von der Rose, dem Sinnbild der Liebe aus betrachtet, erschließt sich der Apfelbaum als eine über viele Sommer und Winter getragene Entwicklung hin zur Selbstliebe.

Zum Abschluss eines Traumes wäre der Apfelbaum eine Bestätigung dafür, dass es gelungen ist, eine stabile Haltung der Selbstliebe und Selbstfürsorge zu entwickeln. Am Anfang des Traumes könnte der Apfelbaum der Hinweis darauf sein, dass genau diese Qualitäten aktuell bedroht sind.

Beispiel einer Traumhebung

Der Träumer berichtet zum Vortag: In Vorbereitung auf eine Feierlichkeit sei er mit seiner Frau hart aneinandergeraten. Beide hätten hinsichtlich der Vorbereitungen als Gastgeber und Gastgeberin immer schon unterschiedliche Schwerpunkte und Handlungsstile vertreten. Er sah sich durch seine Frau wiederum so unter Druck gebracht, dass er sich emotional kaum mehr habe halten können. Er habe seine Wut heftig zum Ausdruck gebracht. Mit einem Spaziergang sei es ihm gelungen, sich wieder selbst zu beruhigen.

Folgende Überschrift gab der Mann dem Traum der darauffolgenden Nacht:

Käfer in meinen Apfelbäumen
Ich bin dabei, meine beiden jungen Apfelbäume käferfrei zu machen. Die Bäume haben eine vollkommen schöne runde Blätterkrone.

Dabei muss ich die Bäume kräftig schütteln.

Einen jungen Baum säge ich sogar ab, um ihn besser schütteln zu können. Danach bin ich sehr besorgt, ob der Baum an der Schnittstelle wieder gut zusammenwachsen kann.

Die Schnittstelle schmiere ich mit einem feinen Mittel ein und wickle ein Schleimband um den Stamm, damit die Schnittstelle geschützt ist und die Käfer an dem Band kleben bleiben, wenn sie von unten nach oben krabbeln.

Bei einem Sturm kann es gefährlich werden, darum werde ich den Stamm an der Schnittstelle verstärken, damit er mehr Halt und Stabilität bekommt.

Es sieht auch ganz gut aus, wie der Stamm wieder eins wird.

Bei dem anderen Apfelbaum werde ich den Baum so kräftig schütteln, dass er käferfrei wird.

Danach bin ich mit unterschiedlichen Menschen zusammen.

Am Schluss von dem Traum ziehe ich Gummistiefel an und gehe mit einer jungen unbekannten und blonden Frau zum Klavierspielen.

Die Problemstellung im Bild 1: Wofür stehen die Apfelbäume? Es waren keine bestimmten Apfelbäume aus dem Leben des Träumers. Diese besonders schönen, ja vollkommenen Apfelbäume sieht der Träumer als ein Symbol für die über Jahre entwickelte Selbstliebe und Selbstfürsorge. Das Problem ist der Befall durch die Käfer. Insekten, Tiere aus den frühen Stadien der Evolution der Menschheitsentwicklung, lassen über emotionale Plagegeister aus der Kindheit des Träumers nachdenken. Welche negativen Glaubenssätze und daraus sich generierenden Überlebensmuster aus dieser Zeit könnten am Vortag im Streit mit seiner Frau seine Selbstliebe bedroht haben? Es sei der Druck. Nicht, dass dieser von seiner Frau käme. Es sei der Druck, den er sich selbst mache. Der lähmende Glaubenssatz seiner Kindheit lautete: Ich bin nicht wichtig.

Das Überlebensmuster des Träumers bestand darin, mit Höchstleistung das Gegenteil zu beweisen. Das bedeutete, ein Leben unter beständigem innerem Hochdruck führen zu müssen. In den letzten Jahren seiner Berufstätigkeit habe er dieses Lebensmuster weitgehend auflösen können und war zu mehr innerer Gelassenheit gelangt.

Die von seinen eigenen Vorstellungen abweichende Art seiner Frau, die Feierlichkeit vorzubereiten und die damit an ihn einhergehenden Forderungen, ließ das Kindheitsmuster zunehmend emotional Besitz von ihm nehmen (hochkrabbeln) und drohte seine schön gewachsene Selbstliebe ernsthaft zu gefährden.

Die Zuspitzung des Problems im Bild 2: Nicht genug des Befalls, der Träumer sägt eigenhändig einen jungen Baum ab. Es sei der rechte Baum gewesen.

Womit hat der Träumer in der Folge selbst Hand an seine Selbstliebe angelegt?

Nachträglich beim Spaziergang habe sich der Träumer gewünscht, er hätte gelassener auf das Ansinnen seiner Frau reagiert. Mit seiner Wut hatte sein immer noch existierender Druck einen Auftrieb bekommen und sich damit auch gegen ihn selbst gerichtet: Er wertete sich für diese Reaktion ab. Selbstabwertung anstatt Verständnis, das ist das Aus der Selbstliebe.

Im Traum sorgte er sich sehr, wie er das Ergebnis seiner gegen sich selbst gerichteten Destruktivität wieder rückgängig machen, wie er die Liebe zu sich selbst wieder herstellen könnte. Diese Zuspitzung des zweiten Bildes ist der Motor für die nächste Bewusstwerdungsphase.

Bild 3 stellt die Erkenntnis dar, was nun zu tun sei, um wieder ins Gleichgewicht zu kommen: Der Träumer versorgt die Wunde. Er bringt ein Klebeband an, damit die Käfer gestoppt werden. Das entspricht einer Eindämmung des invasiven Kindheitsgefühls.

Es stellte sich die Frage: Wie könnte das aussehen? Das Klebeband könnte zum Beispiel ein physiologischer Marker sein. Baut sich Druck auf, ist das meist unmittelbar körperlich wahrnehmbar.

Der Träumer nimmt sich vor, künftig auf diese Signale zu achten und sie in irgendeiner Form zu unterbrechen: »Einen Moment mal, Liebes, gib mir ein wenig Zeit, ich will in Ruhe darüber nachdenken.« Der Träumer könnte an dieser Stelle innehalten und den Spaziergang machen.

Weiter weiß er nun auch, dass er seiner Selbstliebe einen Halt, im doppelten Sinn ein »Stopp« gegen die Stürme seiner Befreiungswut, verschaffen muss. Sie dürfen sich nicht mehr gegen ihn selbst richten können.

Es ist meistens ein Holzpfahl, der Bäume stützt. Daraus leitet sich die Frage ab: Mit welcher gewachsenen und verarbeiteten Erkenntnis könnte der Träumer seiner Selbstliebe Halt geben? Die Antwort könnte lauten: Ich bin mir wichtig. Meine Frau und meine Kinder wertschätzen und lieben mich, weil ich bin, wie ich bin.

Die neue Lebensgestalt in Bild 4 ist die versorgte und gestützte Selbstliebe.

Bild 5 ist ein schlichtes, gutes Gefühl, dass die Liebe zu sich selbst wiederhergestellt ist.

Bild 6 stellt das Vertreten der neu errungenen inneren Wahrheit dar. Rückfälle sind immer Vorfälle, denn jetzt weiß der Träumer bestimmt: Künftig wird er sich bei Befall durch dieses Kindheitsgefühl kräftig schütteln, bis er »käferfrei« ist.

Wie könnte das aussehen? Der Träumer denkt an körperliche Übungen, das Abschütteln von Spannung. Tanzen wäre auch eine Möglichkeit, sich schütteln vor Lachen, das ginge auch.

Bild 7 steht in Verbindung mit dem Kindheitsthema. Wir haben uns dies dadurch erschlossen, dass der Träumer diffuse Zustände kennt, in denen ihn verschiedene Denkmuster und Handlungsimpulse umgeben – im Traumbild sind es verschiedene Frauen und Männer, die um ihn herum sind. Das sei auch ein Indikator dafür, dass er seinen inneren Fokus verloren habe.

Bild 8 stellt die neue Gestalt aus der Auseinandersetzung mit dem Kindheitsmuster vor: Er muss nicht länger wütend werden. Denn er hat nun das passende Schuhwerk (Gummistiefel) gewonnen, um bei hohen Gefühlspegeln (Wasserständen) trockenen Fußes und sicheren Schritts weiterzugehen. Wohin führt ihn das? Mit einem neuen (jungen) Bewusstsein ist er auf dem Weg, die Melodie seines Lebens achtsam, gleichsam tastend (das Klavierspielen) harmonisch zum Ausdruck zu bringen. Dass die junge Frau unbekannt und blond ist, heißt: Im Grunde ist das dem Träumer klar (blond), gleichzeitig ist es ihm nicht vertraut (unbekannt) –

> eine charmante Aufforderung des Traumes, diese neue Denkhaltung, näher kennenzulernen, sie sich vertraut zu machen.

Fassen wir zusammen welche Ressourcen und Potentiale dieser Traum dem Träumer reicht:

Ressourcen

- Das Klebeband, alle Maßnahmen der Unterbrechung bei invasiven Kindheitszuständen.
- Die Stütze, alle Erkenntnisse, die die Selbstliebe und die Selbstfürsorge aufrechterhalten.
- Das Schütteln, körperliche Aktionen, die helfen, die Spannung abzuleiten.

Potentiale

- Im Unterschied zu Ressourcen sind Potentiale bereits in uns angelegte, doch noch nicht ins Bewusstsein und die Erfahrung gebrachte Seinsmöglichkeiten.
- In Summe führen diese Maßnahmen zu den Gummistiefeln, einem Schutz, der hilft, auch bei hohen Gefühlspegeln, den Boden nicht unter den Füßen zu verlieren und seinen bereits eingeschlagenen Lebenskurs zu halten.
- So findet der Träumer das Bewusstsein für die spielerische Leichtigkeit seines Lebens wieder. Der Träumer wird herausfinden, wie dieses Bewusstsein heißt, da bin ich sicher.

5.1 Die Metapher erschließen

Beispiel einer Traumhebung mit einer bekannten Person im Traumbeginn

Bekannte Personen im Traumbeginn sind die berühmt berüchtigten »Gärtner«, die wir als »Täter« in Betracht ziehen sollten. Sie sind Schlüsselfiguren.

Zur Erinnerung: Bekannte Personen im Traumanfang verkörpern eine Eigenschaft des Träumers, die im Zusammenhang mit der am Vortag ausgelösten Dysbalance steht. (Im Unterschied dazu geben bekannte Personen im Lösungsteil einen Hinweis auf Eigenschaften des Träumers, die zur Problemlösung beitragen könnten.)

Ein Beispiel aus dem Ausschnitt einer Traumhebung:

> Die Träumerin beschäftigt sich schon einige Zeit mit der Konturierung ihres beruflichen Profils und einem besseren Geschäfts-

modell für ihre Selbständigkeit. Am Vortag des Traumes überlegte sie auch, ob sie ihre Haare länger wachsen lassen sollte. Das könnte sie weiblicher wirken lassen. Sie trägt seit vielen Jahren eine Kurzhaarfrisur, einen »Bubikopf«.

In der ersten Szene des Traums trifft die Träumerin auf eine vertraute weibliche Person aus ihrer Vergangenheit.

Die Träumerin beschreibt die Frau als eine Frau, die in der Erinnerung der Träumerin stets eine altmodische Frisur trug. Im Traum hatte sie anders als in der Realität eine sehr feine Haut und einen dicken Hals. Die Frau bietet der Träumerin im Traum eine Zucchini an.

Die altmodische Frisur lässt uns über einen zurückgenommenen, angepassten Gefühlausdruck nachdenken, der zur aktuellen Situation der Träumerin nicht mehr passt.

Auf die Frage, was der Träumerin zu der Zucchini einfalle, antwortet sie, ach, die hätte sie auch im Garten. Zucchini seien wunderbar, sie würden eigentlich zu allem passen, da sie selbst wenig Eigengeschmack hätten. Sie ließen sich mit allem Möglichen füllen. Augenscheinlicher lässt sich die Funktion der Anpassungshaltung kaum beschreiben.

Warum passt sich diese kluge und witzige Träumerin derart an? Wieso stellt sie ihre Eigenart, ihr Licht unter den Scheffel?

Die »feine Haut« gibt Auskunft darüber, dass die Schutzhaltung der Anpassung durchlässiger geworden ist.

Wird die Schutzhaltung durchlässiger, steigt der Angstpegel. Der »dicke Hals« ist dafür ein Hinweis.

Das Wort »Angst« stammt vom griechischen Verb »agchein« und dem lateinischen »angere« ab. Beides heißt übersetzt »würgen« oder »die Kehle zuschnüren«. Der Kloß, der vermutlich den Hals dick macht und die Enge verursacht, das ist die Angst, die verhindert, dass sich die Träumerin klar und deutlich zum Ausdruck bringt. In der Folge dieser Stauung gedeiht die Wut, eine weitere Bedeutung der Metapher einen »dicken Hals« haben.

Als ich sie nach dem Grund für diese Angst frage, sagt sie, das sei klar, sie hätte kein Mädchen, sondern ein Junge werden sollen. Außerdem habe der Vater ihr verboten, ein Firmenschild ihrer Selbstständigkeit vor die Tür zu hängen.

Das Thema des sich Zeigens reichte also über das berufliche Profil hinaus, bis in die Geschlechtsidentifikation der Träumerin. Die Überlegung vom Vortag, sich die Haare länger wachsen zu lassen und den »Bubikopf« in mehr Weiblichkeit zu verwandeln, rührte dieses Thema an.

Von hier aus konnten wir den weiteren Gang des Traumes gut erschließen. Es wunderte uns nicht, dass die Träumerin im letzten Drittel des Traumes einen Termin in einer Frauenarztpraxis hatte und dort zu ihrem Erstaunen mit ihrem Namen aufgerufen wurde.

Träume sind heilige Neuanfänge!

Zusammenfassung

Die Metaphern im Traum sind unter drei verschiedenen Gesichtspunkten zu befragen:

1. Dem individuellen Erfahrungshorizont des Träumers, dem subjektiven Bedeutungsraum. Mit welchem Lebensgefühl ist die Metapher für den Träumer verbunden?
2. Dem allgemeinen Erfahrungshorizont der Metapher, dem objektiven Bedeutungsraum, basierend auf dem allgemeinen und wissenschaftlichen Kenntnisstand.
3. Der Position der Metapher im Traum. Beschreibt die Metapher das Problem oder die Lösung des Problems?

5.2 Vom Umgang mit Träumen anderer

Es ist eine vertrauensvolle Form der Begegnung, wenn sich Menschen gegenseitig ihre Träume erzählen. Wir gewähren einem anderen Menschen mit dem Traum einen sehr persönlichen Einblick. Insbesondere in der Paarbeziehung kann dies eine Nähe stiften, die auf einem vertieften Verständnis füreinander beruht. Irritierende Reaktionen des geliebten Menschen lassen sich besser verstehen und zuordnen, weil wir um die Gründe wissen, aus denen sie herrühren. Oft sind es Abgründe.

Die Einzigartigkeit des »Stoffes«, der im Traumerzählen geteilt wird, und die Verletzlichkeit, die damit offenbart wird, gilt es zu würdigen und zu schützen.

1. Wenn Ihnen jemand seinen Traum erzählt, weil er weiß, dass Sie sich zum Beispiel mit diesem Buch in die Welt der Träume eingelesen haben, beachten Sie bitte unbedingt Folgendes: Ein Traum kann ausschließlich mit dem Träumer ins Verständnis gehoben werden. Es ist nicht selten so, dass versucht wird, den Traum eines nahestehenden Menschen zu verstehen. »Mein Mann hatte einen schlimmen Traum ...« Das funktioniert nicht! Der Traum gehört dem Träumer. Nur mit ihm kann der Traum verstanden werden.
2. Sorgen Sie für die richtigen Rahmenbedingungen. Der Traum ist eine intimste Selbstaussage. Er behandelt nicht irgendeine Randerscheinung im Leben des Träumers, sondern beschäftigt sich ohne Umschweife mit der Stelle, an der der Träumer empfindlich aus dem Gleichgewicht geraten ist. Der Träumer gibt ungeschützt etwas von sich preis. Oft wissen es die Träumer selbst nicht, welchen Innenraum sie öffnen, wenn sie leichthin von einem Traum berichten. Geben Sie sich einen Moment Zeit, um nachzudenken, ob diese Intimität jetzt auch für Sie als vernehmende Person passend ist. Verabreden Sie sich zu einer geeigneten Zeit mit Raum für Sie beide. Träume eignen sich nicht dazu, zwischen Tür und

5.2 Vom Umgang mit Träumen anderer

Angel besprochen zu werden und sind auch nichts für Chatverläufe.
3. Öffnen Sie Ihre »Herzohren« und hören Sie der Traumerzählung zuerst ausschließlich zu.

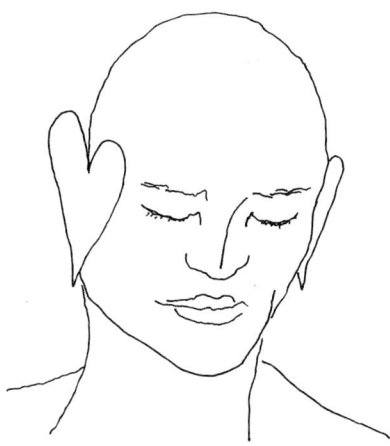

4. Das ist nicht leicht. Denn meistens haben wir gleich Ideen. Bedenken Sie bitte, diese Einfälle können Überfälle sein. Halten Sie bewusst Ihre eigenen Ansichten und Wertevorstellungen zunächst zurück. Geben Sie dem anderen Raum. Das ist ein großes Geschenk. Im Raum eines aufmerksamen Du können Einsichten für den Träumer erwachsen. Mit dem ganzen Wesen zuzuhören, ist eine der Grundvoraussetzungen für das Verständnis der Träume.
5. Es mit der Einzigartigkeit des Menschen ernst zu nehmen, bedeutet eine Form der Traumdeutung mit einem Traumlexikon auszuschließen. Das gilt auch für den Umgang mit Ihrem eigenen Traum. Bieten Sie keine Interpretation des Traumes an. Zu interpretieren, den Traum zu deuten, ist eine Haltung, die zupackt. Sie zerdrückt den Traum. »Traum ist Brokat«, ein Rilke-Wort (Rilke, 2006, S. 365) bringt die filigrane wie zerbrechliche Kostbarkeit des Traumes treffend zum Ausdruck. Versuchen Sie, dem so gut es geht in Ihrer inneren Haltung gerecht zu werden: Schenken Sie dem

Traum Ihre freundliche, interessierte, nicht wertende Aufmerksamkeit. Suchen Sie nicht gleich nach der Lösung. Bewundern Sie lieber das Problem, indem Sie dieses zunächst wirklich in der Tiefe verstehen wollen. Das schützt Sie vor dem Fahrwasser der Interpretation, die einer Lösung entgegenstürzt.
6. Warten Sie die ausdrückliche Aufforderung ab, etwas zu diesem Traum zu äußern. Lassen Sie sich die Tür öffnen, stoßen Sie sie nicht auf. Das Einverständnis einzuholen, macht das Bewusstsein der Grenze auf. Dem Traum eines anderen Menschen mit diesem Respekt zu begegnen, ist wichtig für den Schutz des Träumers und dafür, dass der Träumer zu seinem Verständnis des Traumes gelangt und nicht zu Ihrem.

5.3 Träume in Therapie, Beratung und Coaching

Träume in Therapie, Beratung und Coaching zu integrieren ist von großem Wert.

Als diagnostisches Verfahren eröffnet die Problemfokussierung des Traumes einen schnellen Zugang zu den aktuellen Problemen des Klienten. Die Art und Weise wie der Klient sich zum Traum und der dargestellten Thematik äußert, lässt einen Persönlichkeitsstil aufscheinen. Werden über einen längeren Zeitraum Träume erarbeitet, zeigen sich Kernprobleme und Schutzhaltungen, die den Klienten umgeben.

Die therapeutische Wirkung der Arbeit mit Träumen fördert die Bereitschaft und Fähigkeit zur Selbstreflexion mit dem Ergebnis zunehmender Selbstbewusstheit und einer verbesserten Selbstregulation.

5.3 Träume in Therapie, Beratung und Coaching

Je nach Therapierichtung, in die die Arbeit mit Träumen integriert wird, ergeben sich unterschiedlichste Möglichkeiten therapeutischer Intervention.

Die Annahme, dass jedes Detail im Traum einen Persönlichkeitsanteil des Träumers darstelle, rückt insbesondere das »Systemische Arbeiten« in die Nähe der Traumarbeit (Schwartz, 2008).

Die in der Traumhebung erkannten Persönlichkeitsanteile des Träumers können, zueinander ins Gespräch gebracht, zu einem guten »inneren Team« gedeihen. Das Ehepaar Ingeborg und Thomas Dietz hat das Internal Family System IFS von Richard C. Schwartz im deutschsprachigen Raum für den Coaching- und Selbstcoaching-Bereich fruchtbar gemacht (Dietz & Dietz, 2011).

»Achtsamer innerer Dialog« mit Beschützeranteilen oder verletzlichen Anteilen bietet sich an (Weiss, Harrer, Dietz, 2012, 2016) mit Personen im Traumanfang. Nehmen wir das vorangegangene Traumbeispiel der Frau mit der altmodischen Frisur. Im achtsamen inneren Dialog ließe sie sich befragen, was sie fürchte und wovor sie glaubt, die Träumerin schützen zu müssen. – Der Klient lernt seine Persönlichkeitsanteile verstehen, kann sie frühzeitiger erkennen und rechtzeitig regulieren, um sich nicht von ihnen entführen zu lassen.

Hypnose und Traum lassen sich gut kombinieren. In Trance können die im Traum aufgezeigten Ressourcen und Potentiale gestützt werden (Freudenfeld & Revenstorf, 2022).

Auch die Kognitive Verhaltenstherapie hat die Arbeit mit Träumen für sich entdeckt (Pietrowsky, 2021).

Im Sinne der Positiven Psychologie nach Martin Seligman bieten Träume an, Ressourcen zu beleben und Potenziale zu entdecken (Seligman, 2011).

Für den Umgang mit Träumen in Therapie, Coaching und Beratung sind die beruflichen Grundtugenden von Nöten, die von Therapeuten, Coaches und Beratern in diesem Berufsfeld grundlegend erwartet werden dürfen: Authentizität, Wohlwollen, Forschergeist, Mut und Empathie.

Empathisches Fragen in Kenntnis der Traumstruktur vermag die chiffrierte, intime Selbstaussage des Träumers zu erschließen. Empathisches Fragen hilft, Suggestivfragen zu vermeiden und aufs Ganze gesehen einer Trauminterpretation zu entgehen.

»Empathisches Fragen« schlicht mit »einfühlsamen Fragen« zu übersetzen, wäre zu kurz gegriffen.

Carl R. Rogers, dem der Ausbau der Humanistischen Psychologie und die Begründung des Personzentrierten Ansatzes in Psychotherapie, Coaching und Beratung zu verdanken sind, hat sich über Jahre für eine genaue Definition des Begriffs der Empathie eingesetzt. Seine letztgültige Bestimmung möchte ich an dieser Stelle ungekürzt in Erinnerung rufen:

> Empathie – eine unterschätzte Seinsweise
> »Empathie bedeutet, die private Wahrnehmungswelt des anderen zu betreten und darin ganz und gar heimisch zu werden. Sie beinhaltet in jedem Augenblick ein Gespür zu haben für die sich ändernden gefühlten Bedeutungen in dieser anderen Person, für Furcht, Wut, Zärtlichkeit, Verwirrung oder was auch immer sie erlebend empfindet. Empathie bedeutet zeitweilig das Leben dieser Person zu leben; sich vorsichtig darin zu bewegen, ohne vorschnell Urteile zu fällen, Bedeutungen zu erahnen, deren sie selbst kaum gewahr wird; nicht aber Gefühle aufzudecken versuchen, deren sich die Person gar nicht bewusst ist, dies wäre zu bedrohlich. Sie schließt ein, dass man die eigenen Empfindungen über die Welt dieser Person mitteilt, da man mit frischen und furchtlosen Augen auf die Dinge blickt, vor denen sie sich fürchtet. Sie bedeutet schließlich, die Genauigkeit eigener Empfindung häufig mit der anderen Person zusammen zu überprüfen und sich von ihren Reaktionen leiten zu lassen. Der Therapeut ist für die Person der vertraute Begleiter in ihrer inneren Welt.« (Rogers & Rosenberg, 1977, S. 75 ff.)

Ableitungen für die Traumhebung im beruflichen Kontext:

1. Eine freundlich interessierte, nicht wertende Haltung ist Voraussetzung dafür, dass sich ein empathischer Prozess entwickeln kann.
   Wie geht es dem Träumer zu Beginn der Traumhebung? Beachten Sie die Körperhaltung, den Ausdruck und die Stimme. Fragen Sie eingehend nach dem Vortrag des Traumes und der aktuellen Le-

benssituation.

Im Hinblick auf den Traum lässt das Wissen um die Struktur des Traumes eine Skizze des inneren Prozesses aufscheinen: Erspüren Sie den Konflikt und seine Zuspitzung im ersten Teil des Traumes. Markante, meist in persönlicher Rede verfasste Aussagen, die einem Widerstand Paroli bieten, lassen ein sechstes Bild vermuten. Hier drückt sich die innere Wahrheit des Träumers aus. Behalten Sie prominenten Bildinhalte im Bewusstsein, zum Beispiel Personen, Tiere, paradoxe Szenen. Sprechen Sie sie nicht sogleich an.

2. Das Wissen um die »private Wahrnehmungswelt« erfordert zuallererst Respekt, eine Haltung der Würdigung des anvertrauten Traumes, sodann eine empathische Exploration der Metaphern im Kontext der Traumstruktur, hinsichtlich des persönlichen und des allgemeinen Erfahrungshorizonts.

3. Mit ungeteilter Aufmerksamkeit beim Träumer verweilen, hat absolute Priorität: achtsames Wahrnehmen von Stimmungsänderungen, Aufhellungen oder Verdüsterungen, Beachtung der Körperspannung.

   Wie ist die Körperhaltung des Träumers, wenn er seine innere Wahrheit im Wachzustand ausspricht? Was verändert sich? Fragen Sie nach seiner Empfindung.

   Auch in Video-Sitzungen und selbst bei Telefonsitzungen kann eine körperliche Reaktion über das gesprochene Wort hinaus wahrgenommen werden.

4. Traumhebung bedeutet Erschließung, nicht Auferlegung.

   Freud glaubte, der Traum verhülle, um uns vor seinen Inhalten zu schützen. Jung meinte, der Traum enthülle ungelebte Anteile der Persönlichkeit. Meiner Ansicht nach trifft beides zugleich zu.

   Die Repräsentation seelischer Inhalte in den Bildern des Traumes ist zunächst eine Chiffrierung, eine Verhüllung mit Schutzfunktion. In einen Gegenstand, eine Person, in ein Tier, eine Landschaft verwandelt, kann der Träumer Anteile seiner Persönlichkeit als Nicht-Ich von sich abgegrenzt aus der Distanz betrachten. Dies kann ein notwendiger Abstand sein, um sich mitunter bedrohlichen Inhalten Schritt für Schritt annähern zu können.

Zugleich bietet die Übersetzung in das Bild die Möglichkeit, gefühlt wie gedacht, mit Herz und Kopf mit dem Gehalt der Metapher in Berührung zu kommen.

Es ist die hohe Kunst des Therapeuten, Coaches oder Beraters, die Metapher vorsichtig und genau in die Selbstwahrnehmung des Träumers zu bringen. Von außen betrachtet mag der übertragene Sinn eines Bildes durchscheinen. Der Träumer benötigt jedoch seine Zeit, um die Schleier selbst zu lüften. Es ist wichtig, das Bild nicht vor dem Träumer zu enthüllen.

5. Der furchtlose Begleiter sein, das ist die hervorragende Aufgabe des Therapeuten oder Beraters beim Heben eines Traumes.

   Wecken Sie mit dem eigenen Forschergeist die Neugierde und das Interesse im Träumer für sich selbst. Das befreit ihn aus lähmender Betroffenheit durch den Traum und von schamvollen Berührungsängsten.

   »Ist das nicht erstaunlich?!«
   »Diese Stelle im Traum macht mich neugierig.«
   »Wollen wir uns das gemeinsam näher anschauen?«

   Der Träumer ist nicht länger allein in dieser bizarren Welt des Traumes, er hat einen kundigen Begleiter an seiner Seite.

6. Nachfragen ist wichtig. Reichen Sie dem Träumer Gedanken zur Überprüfung.

   Manchmal quittieren Träumer grausamste Szenen mit einem Achselzucken. Stellen Sie dem ruhig Ihre Wahrnehmung gegenüber. Fragen Sie nach: »Wie kommt es, dass Sie das so kalt lässt? Ist das so? Verstehe ich Sie richtig?«

   Bei heftigen Reaktionen explorieren Sie: »Wo im Körper nehmen Sie das Gefühl wahr? Wie fühlt es sich genau an?«

7. Finden Sie die angemessene Balance zwischen Nähe und Distanz.

   Mit dem Träumer zu empfinden, als sei es der eigene Schmerz, die eigene Freude, ohne sich damit zu identifizieren, das ist eine zentrale Anforderung der Empathie an den Therapeuten, Berater und Coach. Empathisches Fragen verlangt, in der größtmöglichen Nähe zum anderen bei sich zu bleiben. Diese Zurückhaltung des

Therapeuten bildet den Raum der Selbstbegegnung für den Träumer.
8. Was ist, wenn sich die Traumhebung verweigert?
Wenn der Gang der Traumarbeit keine stimmige Entschlüsselung zu erkennen gibt, ist es wichtig, einen sich aufbauenden Erkenntnisdruck fahren zu lassen. Möglicherweise verschließen sich einige Traumteile der Erinnerung. Das hat seinen Grund. Besser als eine Stimmigkeit zu konstruieren ist es, das Verschlossene zu würdigen. Es braucht auch eine wohldosierte Demut der Traumhebung gegenüber. Die Hebung eines Traumes ist nicht herstellbar, sie schenkt sich.
Ich erinnere mich an eine Traumhebung, in der wir vor verschlossenen Türen standen. In dem Moment, als ich bekannte, dass ich nicht weiterwüsste und mir der Traum Rätsel aufgäbe, öffnete sich in der Träumerin eine Tür.
9. Woran erkennen Sie, dass der Traum richtig verstanden wurde?
Eine gelungene Traumhebung ist körperlich ablesbar, meist fällt eine Anspannung ab. Das Gelingen ist häufig mit der Empfindung von Leichtigkeit verbunden, die in einem strahlenden Gesichtsausdruck und Heiterkeit wahrnehmbar wird. Gelingende Traumhebung lässt sich aber nicht ausschließlich daran ablesen, dass sich der Träumer besser fühlt. Es kann auch ein Erkennen sein, das Traurigkeit auslöst oder zu einer Enttäuschung führt. *Erkenne dich selbst* kann auch heißen, Selbsttäuschungen aufzulösen oder mit den eigenen Schattenseiten Bekanntschaft zu machen. Der Träumer fühlt sich unter Umständen schlechter, doch er fühlt sich mehr in der Wirklichkeit angekommen – und mehr bei sich selbst.

5 Lesen des Traumes

5.4 Pfadfinder zur Traumhebung

Die nachfolgende Graphik ist in einer Fortbildung für Therapeuten entstanden. Sie lässt sich auch gut auf die Erschließung Ihrer eigenen Träume übertragen.

Diese Kurzanleitung zur Traumhebung soll in Form einer Art Checkliste der Orientierung dienen und muss selbstverständlich nicht immer vollständig eingehalten werden.

5.4 Pfadfinder zur Traumhebung

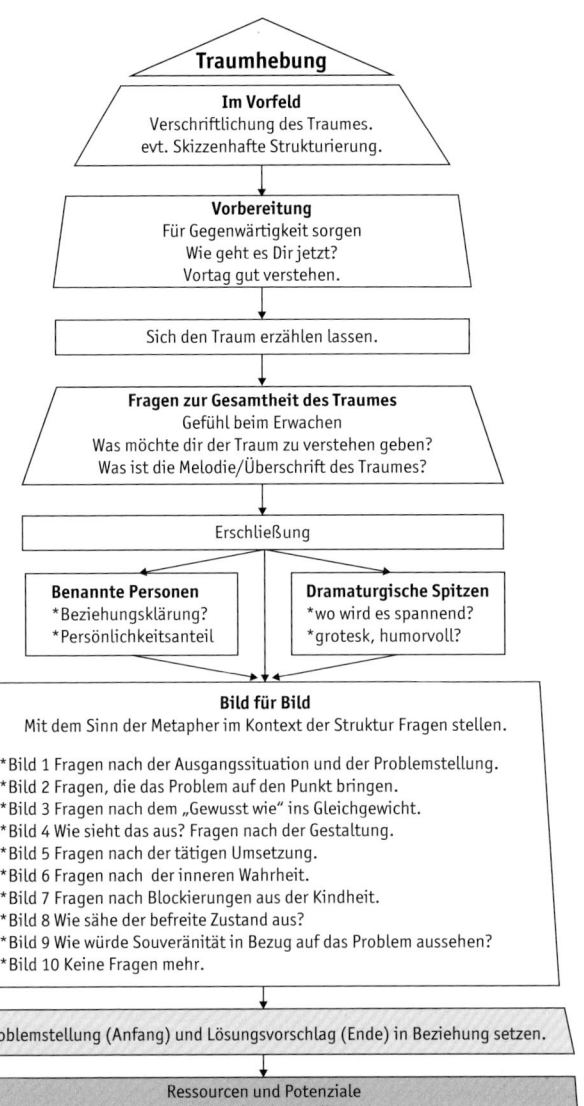

Traumhebung

Im Vorfeld
Verschriftlichung des Traumes.
evt. Skizzenhafte Strukturierung.

Vorbereitung
Für Gegenwärtigkeit sorgen
Wie geht es Dir jetzt?
Vortag gut verstehen.

Sich den Traum erzählen lassen.

Fragen zur Gesamtheit des Traumes
Gefühl beim Erwachen
Was möchte dir der Traum zu verstehen geben?
Was ist die Melodie/Überschrift des Traumes?

Erschließung

Benannte Personen
*Beziehungsklärung?
*Persönlichkeitsanteil

Dramaturgische Spitzen
*wo wird es spannend?
*grotesk, humorvoll?

Bild für Bild
Mit dem Sinn der Metapher im Kontext der Struktur Fragen stellen.

*Bild 1 Fragen nach der Ausgangssituation und der Problemstellung.
*Bild 2 Fragen, die das Problem auf den Punkt bringen.
*Bild 3 Fragen nach dem „Gewusst wie" ins Gleichgewicht.
*Bild 4 Wie sieht das aus? Fragen nach der Gestaltung.
*Bild 5 Fragen nach der tätigen Umsetzung.
*Bild 6 Fragen nach der inneren Wahrheit.
*Bild 7 Fragen nach Blockierungen aus der Kindheit.
*Bild 8 Wie sähe der befreite Zustand aus?
*Bild 9 Wie würde Souveränität in Bezug auf das Problem aussehen?
*Bild 10 Keine Fragen mehr.

Problemstellung (Anfang) und Lösungsvorschlag (Ende) in Beziehung setzen.

Ressourcen und Potenziale
noch mal herausstellen
und mit Handlungsbezügen zur aktuellen Situation konkretisieren.

6   Leben mit Träumen

Das folgende Kapitel beschreibt die positiven Veränderungen, die eintreten können, wenn Sie Ihren Träumen einen festen Platz in Ihrem Leben geben.

Warum ist das Aufschreiben von Träumen wichtig? Wie kann es gut gelingen? Was unterstützt die Traumerinnerung? Welche Räume der Selbstbegegnung tun sich auf? Was gewinnen Sie damit?

6.1   Das Traumnotat

Die Verschriftlichung des Traumes ist deshalb so wichtig, weil wir durch den Akt des Schreibens den Traum aus uns heraus ins Gegenüber bringen. (Das geschieht auch, wenn Sie die Gelegenheit haben, einem Menschen Ihres Vertrauens einen Traum zu erzählen.) Es entsteht eine dialogische Situation, die im bloßen Nachdenken über das Traumgeschehen so nicht gegeben ist. Die Regelmäßigkeit der Traumnotate bildet mit der Zeit einen Selbst-Begegnungsraum. Diese den Traum in seiner Bedeutung ernstnehmende Hinwendung wiederum fördert das Traumerinnern. Es ist wie in jeder Beziehung: Je mehr Räume der Gegenwärtigkeit wir schaffen, desto lebendiger wird die Beziehung.

Aus meiner eigenen Erfahrung kann ich berichten, dass es gut ist, den Traum unmittelbar nach dem Erwachen niederzuschreiben.

Manchmal tritt durch den Gang zur Kaffeemaschine schon zu viel Ablenkung zwischen den Traum und mich. Zu viel möchte sich dazwischenschieben, zu viele Dinge begegnen mir auf dem Weg, die meine Aufmerksamkeit auf sich lenken wollen. Meistens gelingt es mir aber, dem Wunsch nach Kaffee und dem Bestreben, dicht am

Traum zu bleiben, gleichzeitig nachzukommen. Während der duftende Kaffee die Tasse füllt, sinne ich dem Traum nach. Ich kehre zurück in die Umfassung durch meinen Traum und lasse den Traum durch die Feder in mein Traumbuch fließen. Es ist ein Ritual geworden. Kein Programm. Mit einem Programm würde ich meinen Tag nicht beginnen wollen. Rituale sind mit einer Bedeutung von Heil(ig)ung umgeben. Rituale sind unumstößliche Inseln in der Zeit für Inhalte, die uns wichtig sind, damit unser Leben gut werde. Rituale wertschätzen das Leben, die Handlung und den, der das Ritual praktiziert.

Schreiben Sie Ihren Traum auf, ohne viel zu überlegen. Das ist wichtig. Schreiben Sie ihn nicht mit Absicht schön oder logisch. Oft ist das Ende des Traumes der Erinnerung am nächsten. Ziehen Sie vorsichtig an diesem Erinnerungsfaden. So reiht sich Bild an Bild aneinander, manchmal auch in umgekehrter Reihenfolge.

Gelegentlich schreibe ich den Traum komplett rückwärts auf. Am Schluss bin ich beim ersten Bild angelangt. Sortieren geht auch nachträglich.

Mit der Aufmerksamkeit des Schreibens, mit dem Fassen ins Wort, nimmt der Traum der Nacht nochmal Gestalt an.

Was war das für eine Stimmung? Wie ließe sie sich am besten beschreiben? War es hell oder dunkel, eng oder weit? Kam eine bestimmt Farbe vor? Ah, ja, und da war im Hintergrund doch dieses und von rechts ragte jenes ins Bild ...

Sie zeichnen mit den Worten den Traum nach und schauen dadurch genauer hin, gehen ins Detail und spüren in alledem dem Traum und sich nach. Eine zeichnerische Skizze der Traumszene, wie unperfekt auch immer, kann die Wahrnehmung das Traumes noch intensivieren. Das Entscheidende ist: In diesem Raum der Aufmerksamkeit steigen Fragen in Ihnen auf. Sie nehmen Befindlichkeiten in sich wahr, die im Alltag wenig Raum finden.

Julia Cameron, die bekannte Schreibpädagogin, empfahl zur Weckung der Kreativität die »Morgenseiten« (Cameron, 2009, S. 32ff.). Drei Seiten intuitives Schreiben jeden Morgen.

Ich empfehle das intuitive Schreiben nach dem Traumnotat. Erleben Sie ein wahres Füllhorn an Gedankengängen, das den Raum der Selbstbegegnung bereichert.

Wenn Ihnen ein Traum sinnlos erscheint, rufen Sie sich ins Gedächtnis: Das Gehirn leistet sich während des Schlafs keinen Leerlauf. Machen Sie sich keinen Kopf, wenn Sie nur Bruchteile des Traumes zu fassen bekommen: Was Sie erinnern, ist für Sie wichtig.

Das bloße Darüber-Nachdenken kann in der Kürze der Zuwendung die Qualität des Traumes nicht annährend ausschöpfen. Vor allem: Durch rasches Hindenken verbleiben Sie in einer kognitiven und emotionalen Distanz. Gedanken neigen dazu, frei zu flottieren. Das Traumnotat bildet eine Struktur. Sie können an jedem Wort, an jeder Skizze entlang Ihres Traumes sich selbst und den Fragen Ihres Lebens nachspüren.

Sie unterstützen die Traumerinnerung, wenn Sie nach dem Erwachen die Augen noch etwas geschlossen halten und über das Geschehen der Nacht nachsinnen. In dem Moment, in dem Sie die Augen öffnen, schiebt sich die Weltwahrnehmung über den Traum.

Ein eigens dafür ausgewähltes Traumtagebuch lädt die Traumerinnerung ein. Sie heißen damit Ihre Träume auf eine wertschätzende Weise willkommen. Sie bilden einen Rahmen, in dem die Erinnerung aufscheinen kann. Vor dem Schlafengehen die Fenster weit zu öffnen mit der Geste, die Träume einzulassen, kann auch helfen, die Träume zu erinnern. Es kommt nicht auf die Sinnhaftigkeit der Geste an. Wichtig ist, dass Sie Ihren Wunsch, den Traum zu erinnern, mit der immer gleichen Handlung verknüpfen. Oder lassen Sie unmittelbar vor dem Hinübergleiten in den Schlaf die Frage zu, die Sie zurzeit am meisten beschäftigt. Im anhaltenden Gespräch mit Ihren Träumen wird Ihnen diese Frage leichter und präziser zu fassen sein. Bitten Sie um eine Lösung. Doch bauen Sie keinen Druck auf! Eine freilassende Haltung der Erwartung empfiehlt sich im Umgang mit Träumen, ein weiches, dem Traum geöffnetes Herz: Freuen Sie sich einfach auf das Bilderreich der Nacht und seien Sie gespannt, was es Ihnen aus Ihren Tiefen zu sagen hat. Licht aus, Vorhang auf!

6.2 Im Raum der Selbstbegegnung

Ruhendes Bei-sich-Sein gewinnen

Bereits indem wir uns den Träumen der Nacht zuwenden, nehmen wir eine Haltung ein, in der wir unmittelbar wahrnehmen können, dass sie uns ein wenig freier und darin oft schon ein wenig glücklicher macht.

In der Zuwendung zum Traum sind wir bei uns und gleichzeitig ein ganz kleines Stück zu uns in Distanz getreten. Meister Eckhart würde sagen, wir sind nicht mehr »in« sondern »bei« uns, oder modern ausgedrückt, wir sind nicht mehr in der Haltung der Identifikation, sondern der Reflexion. Wer identifiziert ist mit seinen Gefühlen, Wahrnehmungen, Gedanken, kann sich ihnen nicht zuneigen, kann nicht nahe sein. Er ist verstrickt. Die Distanz ist der Zuneigungsrahmen der Nähe. Das Traumnotat macht es möglich.

Wer mit seinen Träumen ins Gespräch kommen möchte, sollte dem, wie jedem anderen echten Gespräch, einen ungestörten Zeitraum und seine ganze Aufmerksamkeit schenken. Meist haben wir von beidem zu wenig: zu wenig Zeit, zu wenig Fokus.

Gottseidank sind dies keine in Stein gemeißelten Fakten, sondern Lebensgestaltungen und geistige Verfassungen, die wir selbst schaffen und die sich überdies gegenseitig bedingen: Die Zerstreuung und der Verlust von Zeiträumen.

Der Philosoph Byung-Chul Han hat diese Wechselwirkung vortrefflich beschrieben in seinem Essay »Der Duft der Zeit«: »Das Gefühl, das Leben beschleunige sich, ist in Wirklichkeit eine Empfindung der Zeit, die richtungslos schwirrt.« (Han, 2005, S. 7).

Wer im Internet surft oder in sozialen Netzwerken unterwegs ist, kennt dieses Phänomen. Die Richtungslosigkeit ist nicht erst eine Erscheinung des digitalen Zeitalters und der »Generation Smartphone«. Bereits vor über 2.000 Jahren wurde im Grundlagenwerk des Yoga, dem Yoga Sutra (Desikachar, 1997), die Zerstreutheit des Geistes als Ursache dafür beschrieben, dass wir uns von uns selbst entfernen. Blaise Pascal diagnostizierte in der Mitte des 17. Jahrhunderts, »[...] dass das ganze Unglück des Menschen von einer einzigen Ursache her stammt: nicht ruhig in einem Zimmer verweilen zu können.« (Pascal, 1982, S. 140).

Es scheint in unglücklicher Weise zum Menschen die Tendenz zu gehören, von sich abgelenkt, außer sich zu sein.

Das Problem liegt also nicht in der technischen Entwicklung, nicht in der Fülle der Informationen, die uns umfluten, das Problem ist auch nicht die Geschwindigkeit oder, dass wir zu viel in die knappe Zeit packen. Das Problem ist der aufgegebene Fokus. Das, was wir tun, enthält keine in sich ruhende Zeit mehr, in der wir uns erleben und identifizieren könnten. Die Zeit rinnt uns durch die Finger und mit ihr unser Leben. Diesem Phänomen Einhalt gebietend, lautet die Einladung eines Lebens mit Träumen: bei sich sein und bleiben. »Sieh, ich will dich mit dir selbst umgeben« (Rilke, 1966, S. 418).

Indem Sie morgens vor jeder Tätigkeit, jedem Blick auf das Smartphone oder in die E-Mails einen Zeitraum öffnen und ihm eine Richtung geben, halten Sie die Zeit an. Sie machen nichts. Ihr Fokus ist auf den Traum gerichtet. An Ihrer Aufmerksamkeit entlang steigen Sie in sich hinab und schauen sich an.

Chronisch tapfer werden

»Spieglein, Spieglein an der Wand. Wer ist die Schönste im ganzen Land?« Diese an der Oberfläche und im Vergleich mit anderen sich verfangende Art der narzisstischen Selbstbespiegelung, entspricht nicht der Qualität der Selbstreflexion wie sie der Traum anbietet.

Der »naturbelassene« Traum – im Gegensatz zum luziden Traum – entzieht sich Ihrem Zugriff. Das macht den Traum zu einem ungetrübten und aufrichtigen Spiegel Ihrer selbst.

Sie werden über die Träume hellsichtig und hellhörig auf sich selbst hin. Was Sie über die Träume erkennen können, auch bekennen müssen, legt Ihnen nahe, wahrhaftig zu sein in Ihrer Beziehung zu sich selbst und zu anderen.

Die Träume spiegeln uns glasklar wider: Es macht krank und führt letzten Endes zu nichts Gutem, sich und den anderen etwas vorzumachen, sich als ein anderer zu zeigen als der, der Sie im Augenblick sind. Es ist nicht förderlich, Ruhe und Freundlichkeit, ja, den liebevollen Menschen vorzuspielen, wenn Sie unruhig, ärgerlich und feindlich gestimmt sind. Es ist auch nicht hilfreich, wenn Sie vorgeben, Antworten zu wissen und Weisheiten zum Besten zu geben, obwohl Sie wahrhaftig keine Antwort haben. Es bringt Sie nicht weiter, so zu tun, als fühlten Sie sich sicher, wenn Sie im Grunde ängstlich und unsicher sind.

Selbstreflexion mittels Träume provoziert eine Haltung, die ich »chronisch tapfer« nenne, denn es ist uns nun nicht mehr so leicht möglich, uns selbst zu übergehen. Gleichzeitig ist es ein Akt des Mutes, der zu sein, der wir sind. Das kann unbequem sein. Es fordert uns heraus, das eigene Licht nicht länger unter den Scheffel zu stellen und sich für vermeintliche Schwächen nicht länger zu schämen. Es bedeutet, die eigene Verletzlichkeit als Stärke zu riskieren (Brown, 2013). Authentisch zu sein, bedeutet, Applaus genießen und auf Anerkennung verzichten zu können. Es heißt, sich in aller Macht und Ohnmacht zuzumuten, sich selbst und den anderen. Das kann dazu führen, Wegstrecken ohne die Wärme von Gesinnungsgefährten einsam zurücklegen zu müssen. Die Tapferen gewinnen aber auch wahre Freunde, denn ihre Verletzlichkeit macht sie berührbar.

Umkehr in die eigene Größe

Authentisch zu sein verlangt zwar Mut, ist aber weniger anstrengend als es zu vermeiden. Schutzhaltungen sind Energiefresser. Authentizität sorgt für eine grundlegende Entspannung.

Tägliche Traumnotate gewähren ein aufrichtiges Bei-sich-Sein mit dem Resultat, dass wir uns auch mal in Ruhe lassen können – uns und den anderen. Das Zwiegespräch mit unseren nächtlichen Träumen schafft ein wohltuendes Gegengewicht zum drohenden Selbstverlust einer fortstürzenden Selbstoptimierungskultur, mit der Verpflichtung glücklich zu sein. Wer aufhört, ständig an sich selbst rumzumäkeln und sich Perfektion abzupressen, der kann auch den anderen eher sein lassen, wie er ist.

Sich in Ruhe sein lassen zu können, heißt nicht, sich mit selbstbeschränkenden Glaubenssätzen zufrieden zu geben. Vielmehr heißt es, demütig groß von sich zu denken.

6.2 Im Raum der Selbstbegegnung

Der Traum will das Beste aus Ihnen herausholen. Das bedeutet: Sie haben es bereits in sich! Sie müssen sich nichts hinzufügen. Der notwendige erste Schritt ist der Beginn einer Freundschaft mit sich selbst – ohne Wenn und Aber. »Ich glaube [...] man muss schließlich das eigene Leben in die Arme nehmen.« (Miller, 1964, S. 28). Das ist der aufnahmebereite Boden, auf dem wir werden, wer wir sind.

Das kann nicht tief genug bedacht werden. Das Leistungs- und Fortschrittsdenken gerät global wie individuell betrachtet in ein zunehmendes Fortschreiten von den Grundlagen des Lebens. »Immer mehr und immer besser« bedroht die Existenz des blauen Planeten und die Einzigartigkeit eines jeden Lebens. Die Hinwendung zum Traum ist eine Umkehr weg von der Selbsterweiterung durch Aneignung hin zur Selbstverwirklichung durch Annahme.

Dazu aus dem christlichen Gedankengut ein Text von Karl Rahner:

> »Es ist die große Tat unseres Lebens: uns selbst anzunehmen als ein unverstandenes, erst langsam sich enthüllendes Geschenk der ewigen Güte Gottes. Denn dass das alles, was wir sind und haben, auch mit dem Bitteren und Unverstandenen, Gottes gütige Gabe ist, über die wir nicht murren, sondern die wir annehmen, wissend, dass, wenn wir es tun, Gott sich selbst mit seiner Gabe mitschenkt, und dass damit alles gegeben ist, was wir nur empfangen können: das ist die Weisheit und die große Tat eines christlichen Lebens. Wenn wir in unser Leben hineinschauen, werden wir merken, dass wir das immer noch nicht ganz getan haben.
>
> Wir sind, ob wir jung oder alt sind, eigentlich immer noch die zu spät Kommenden. Und immer noch ist Gott bereit, alles zu schenken, wenn wir es nur nehmen: uns und sich selbst und damit die Unendlichkeit.« (Rahner, 1985, S. 28)

An dieser Stelle ist es mir wichtig, zum Ausdruck zu bringen, dass es keine Vorbedingung gibt, um die konstruktive Kraft der Träume zu erschließen, auch nicht die des Glaubens. Wenn Sie Gott aus diesem Text herausnehmen, das Wort »Gott« zum Beispiel durch »Leben« ersetzen wollten, beschreibt dieser Text die Bewegung, die der Traum nimmt. Er führt durch die Annahme unserer Grenzen und die Unverfügbarkeit in die einzigartige Größe des eigenen Lebens.

Erst wenn wir unsere Ängste und unsere Not, unsere Unzulänglichkeiten, unser Scheitern nicht länger verdrängen, sondern von Herzen als gegeben, als Auf-Gabe annehmen können, »[...] lehnt sich von oben Tiefe dir an.« (Rilke, 2006, S. 576) »Von oben« an dieser Stelle muss nicht zwingend als Gott gedacht werden. Es kann damit auch eine höhere Bewusstseinsebene angesprochen sein.

6.3 Vom Lebensmuster zur Lebensmelodie

Je länger wir mit unseren Träumen im Gespräch sind, desto mehr zeichnet sich die Entwicklung von der Aneignung hin zur Selbstannahme ab.

Die Aneignung des Lebensmusters

Zunächst wird in den Träumen, wie in einer Musikkomposition, ein Thema in unterschiedlichsten Variationen erkennbar – das Lebensmuster. Es zeigt die Konflikte, in die Sie immer wieder geraten und Ihre Art, wie Sie mit diesen Konflikten umgehen. Das Lebensmuster offenbart auch Ihre Wünsche und Sehnsüchte und die Weise, wie Sie sie zu erreichen entwickelt haben.

Das Lebensmuster ist Ihr »Strickmuster«, zwischen Angst und Lust zu leben. Mit etwa 35 Jahren ist dieses Muster gehirnphysiologisch komplett. Von den 60.000 bis 70.000 Gedanken, die wir täglich denken, stellen 95 % eine Wiederholung dar. Das Lebensmuster ist die Brille, durch die Sie über die Jahre gelernt haben, die Welt und Ihre Beziehungen wahrzunehmen und zu bewerten. Das Leben verändert sich, Sie verändern sich in der Zeit und haben immer noch die gleiche Brille auf.

C. G. Jung verglich das Menschenleben mit der Metamorphose eines Schmetterlings: Die Zeit des Aufwachsens und Mehrens, die

6.3 Vom Lebensmuster zur Lebensmelodie

Kindheit, das Lernen, Familie gründen, Karriere machen, sich beweisen müssen, Geld heranschaffen – alles Bilder für den Raupenzustand. Dies ist der Vormittag des Lebens, die Bildung des Lebensmusters. Erinnern Sie sich an den Kinderbuchklassiker »Die kleine Raupe Nimmersatt«?

Die Krise führt zur Verwandlung

Die Zeit ab der Lebensmitte entspricht dem Zustand der Puppe. Die Lebensmitte ist das große Innehalten. Die Überprüfung, ob die Lebensmuster noch zu uns passen. Es ist ein Prozess der »[...] Entkrustung von störenden Ablagerungen, auch von allem, was in der Kindheit vorgefallen ist« (Kast, 2006, S. 137) und Schutzhaltungen gebildet hat. C. G. Jung nannte dies den »Individuationsprozess« (Jung, 1971), der uns erkennen lässt, wer wir sind und eine Sorge um sich selbst erst möglich macht. »Ändre dich, um dir treu zu bleiben« lautet die Devise ab der Mitte des Lebens.

Auch ohne Traumata, persönliche Schicksalsschläge, Seuchen, Krieg und Naturkatastrophen sind ab der Lebensmitte in natürlicher Weise krisenhafte Veränderungen voraus. Die Kinder werden groß und zurück bleibt das leere Nest. Der Körper wandelt sich. Seine Verletzlichkeit wird mit zunehmendem Alter präsenter. Das Arbeitsleben hört auf. Beziehungen werden gelöst, zuletzt durch den Tod von nahestehenden Menschen. Die Endlichkeit des Lebens rückt näher.

Der Weg zur Gewissheit, dass Krisen heilige Anfänge sein können, führt manchmal durch Zeiten der Niedergeschlagenheit und Orientierungslosigkeit ohne eine Idee, wie es sinnvoll weitergehen könnte.

Auch wenn in der Verpuppung die Entwicklung zum Schmetterling genetisch vorprogrammiert ist, weiß die Puppe nichts von dessen Leichtigkeit. Es ist ein trostloser, weil vom Licht abgeschlossener und zum Stillhalten bestimmter, Zustand des Wartens. Dieser Zustand will getragen sein.

Der Traum beleuchtet den Weg

Die Hinwendung zum Traum zündet das Licht der Zuversicht in uns an, dass das Warten ein gutes Ende haben wird. Sie beugen sich über sich selbst wie eine Mutter über ihr weinendes Kind und beginnen, die Spuren zu lesen. Sie fühlen Ihre Verletzlichkeit und lernen behutsam bei Ihrem gebrochenen Herzen zu bleiben. Mit der Zeit beginnen Sie, sich zu verstehen. So vermögen Sie, sich selbst eine bessere Gesellschaft sein, mitfühlend, herzlich, wie zu einem Menschen, den Sie sehr mögen und den Sie fördern möchten. Sie nehmen Ihre Stärken an sich und machen sich auf den Weg.

Träume sind wie ein feines Navigationssystem auf dem Weg zu sich. C. G. Jung nannte Träume die »Wegmarker« (Kast, 2006, S. 138) im Individuationsprozess.

Erkennen Sie die Melodie Ihres Lebens

Je mehr Sie bei sich ankommen, desto deutlicher hebt sich ein neues Thema vom Grundthema Ihrer Träume ab und übersteigt es in einer klaren Lebensmelodie.

Die Lebensmelodie ist nicht zwangsläufig hell und heiter, sie kann auch dunkel sein und Trauer in sich tragen, doch sie ist immer einzigartig und harmonisch. Die Lebensmelodie ist der einzigartige wie harmonische Ausdruck Ihrer Freiheit, unverwechselbar Sie selbst zu sein.

Selbst Loslassen kann nun losgelassen werden. Sie haben aufgehört, sich verändern zu wollen und sind, der Sie sind. Endlich ist es so weit! Der Schmetterling ist die Metapher für die Leichtigkeit am Nachmittag des Lebens.

6.4 Die Poetisierung des Lebens

Das altgriechische Wort »ποίησις poíesis« bedeutet »Erschaffung«. Aristoteles entwarf eine Theorie der Poetik und schuf die literarischen Gattungen des Dramas, des Epos und der Lyrik. Heute sprechen wir auch von der »Poesie des Augenblicks« oder einem »poetischen Film« und meinen damit, dass dieser Moment, dieser Film eine stille

Wirkung entfaltet, die über ihn selbst hinaus geht, die uns berührt und uns verändert.

So ist das auch mit unseren Träumen. Die Bilder des Traumes weisen über das Dargestellte hinaus. Sie weisen in uns hinein, sie berühren uns. Zwischen uns und unserem Traum entsteht, im Sinne der Wortbedeutung von *poíesis*, etwas Neues. Träume sind Orte der Selbstbegegnung, die uns verwandeln.

Die Poesie der Träume schließt die Gegenwart auf

Zunehmend wird diese Art, mit den Bildern der Nacht Zwiesprache zu halten, zu einer Haltung, in der Sie auch die Welt nicht länger als das abgegrenzt gegenüber Seiende wahrnehmen. Die Prosa des bloß faktisch Existierenden verwandelt sich in die Poesie des Zusammenspiels der Phänomene. Und Sie bekommen es mit der Welt zu tun. Nicht, dass der Mensch uns gegenüber, der Baum, das Tier, die Dinge uns alleinig zur Spiegelfläche unseres Selbst würde. Dies nicht.

Das Du bleibt das Du, geheimnisvoll anders, nicht mit unserem Wissen ausleuchtbar. Doch wenn Sie über die Zwiesprache mit den Bildern Ihrer Träume gelernt haben, sich in Ihrem Grund ansprechen zu lassen, werden auch die Grenzen zur Welt dort draußen durchlässiger. Durch das sachliche Es schimmert das personale Du. »Du grenzt nicht.« (Buber, 1979, S. 10) Die Welt berührt Sie, hat Ihnen etwas zu sagen. Das ist der Zauber der Poetisierung der Welt wie es auch durch ein Leben mit Träumen geschehen kann.

Jetzt, da ich dieses Buch beende, ist es Anfang Dezember. Der Herbst hat sich längst verabschiedet. Die Vegetation ist ganz in sich zurückgenommen. Nebel und Düsternis beherrschen die kurzen Tage. Es ist eine dunkle Zwischenzeit. Wir können uns von der Natur anfragen lassen.

Was in uns ist zur Ruhe gekommen? Wovon haben wir uns gelöst, so wie der Baum seine Blätter losgelassen hat? So können sie nun vermodern und zu Humus werden, um einem neuen Wachstum zu dienen. Welche Kräfte haben wir dagegen gesammelt und sind dabei, diese zu sichten und zu ordnen für einen neuen Austrieb im Frühling? Der Nebel verschleiert die Wahrnehmung. Ist es so, wie es uns scheint? Ist das, was Sie über Ihre Lebenssituation oder über andere Menschen denken, wirklich wahr? Könnte es ganz anders sein? Nach welchem Licht sehnen Sie sich? Wünsche können Lichtblicke sein. Wovon träumten Sie als Kind? Was haben Sie immer schon gerne gemacht, ohne dass Sie damit Geld verdient hätten? Wonach sehnen Sie sich heute? Welche Werte sind Ihnen wichtig? Was gibt Ihrem Leben Sinn?

Worte öffnen Türen – eine Einladung aus der Poesietherapie

Probieren Sie einmal nach einer Traumhebung ein »Elfchen« aus und erleben Sie einen heiteren Tiefgang. Ein Elfchen ist ein Gedicht aus elf Worten.

- Nehmen Sie eine Metapher aus Ihrem Traum, ein Wort aus dem inneren Gespräch mit dem Traum, zu dem es Sie sich am stärksten hingezogen fühlen.
- Schreiben Sie dieses Wort in die erste Zeile.
- In die zweite Zeile schreiben Sie zwei Worte, die Ihnen dazu einfallen.
- In die dritte Zeile schreiben Sie drei,
- in die vierte Zeile vier Worte.
- Schreiben Sie in die letzte Zeile wieder nur ein Wort.
- Das ergibt elf Worte.

Darüber hinaus gibt es keine Regeln. Es muss kein Satz werden. Sie können das erste Wort wiederholen und daran anknüpfen, das muss aber nicht so sein. Seien Sie ganz frei! Letztendlich sollten es elf Worte sein.

Hier kommt ein Beispiel: Im Lösungsbild eines Traumes belegte die Träumerin eine Pizza. Im Anschluss der Traumhebung schrieb die Träumerin ein Elfchen beginnend mit dem Wort »Pizza«:

Pizza
Da ist
alles drauf, was
da ist. Ich genieße
es!

Zu simpel, zu profan? Ich finde es weise: Erkennen Sie was ist, nehmen Sie es an und machen Sie etwas Gutes daraus, lassen Sie sich das Leben schmecken!

Durch das Schreiben des Elfchens kam der Träumerin erst die kreisende Bewegung des Belegens der Pizza nahe. Das Anordnen der vielen unterschiedlichen Aspekte ihres Lebens um eine Mitte: ihre Freude am Leben.

»Poesie ist die kürzeste Verbindung von Kopf zu Herz.« (Prantl, 2019, S. 58). Der Traum poetisiert unser Leben.

6.5 Das Aufscheinen des Humors

Der Umgang mit ihren Träumen macht Menschen heiterer. Warum ist das so?

In Traumseminaren fließen Tränen, aber es wird auch viel und ansteckend gelacht. Wie kann die Empfindung von Glück und Leid so dicht beieinander liegen?

Der Humor im Traum und in der Traumhebung ist faszinierend. Meine Vermutung ist, der Humor spielt eine evolutionäre Rolle.

Selbstdistanzierung gibt dem Humor in der Traumhebung Raum

Die Wirkweise des Traumes hat zwei Seiten: eine nahende und eine zurücktretende.

6.5 Das Aufscheinen des Humors

Der Traum tritt uns nahe über die Bilder, »des sanften Falls in Dein Gefühl« (Rilke, 2006, S. 365). Der Träumende kommt mit verdrängten Inhalten, mit seinen Wünschen und Fähigkeiten, mit seinen Grenzen und seiner Verletzlichkeit über das Bild in Berührung.

Andererseits rückt der Traum Anteile des Träumers aus ihm heraus, stellt ihm seine Wesenszüge, Denk- und Handlungsweisen, Wünsche und Begehren zur Betrachtung und zudem als Metapher, gegenüber. Der Träumende macht die Erfahrung: Was ich beobachten kann, kann nicht ich sein. Ich bin nicht meine Gefühle. Ich muss nicht alles glauben, was ich denke. Das ist ein Anteil von mir, doch ich bin selbst mehr und ein anderer als dieser eine Aspekt, dieser eine Konflikt meines Lebens. Ich könnte auch eine andere sein. Außerdem ist es eben »nur« ein Traum. So wie ein Spiel nicht die Realität ist.

Der Träumende kommt in die exklusive Situation, nahe bei sich zu sein und gleichzeitig zu einem gewissen Maß außen vor bleiben zu können. Wir fühlen uns, wie bei einem guten Witz, entlarvt und bleiben zugleich in der Distanz, die uns mitunter auch herzlich über uns selbst lachen lässt. Das hat eine befreiende und entlastende Wirkung. In diesem Lachen fühlen wir uns unserem Problem überlegen.

Humor in der Inkongruenz der Trauminszenierung

In der Trauminszenierung werden nicht selten Kräfte der Wirklichkeit außer Kraft gesetzt oder es werden Dinge zusammengebracht, die nicht zueinander passen. Diese Ungereimtheiten bringen die Vernunft zum Stolpern. Das kann insbesondere im Traumanfang, in dem wir die Problemstellung erwarten, ungute Gefühle auslösen, aber auch Erheiterung bewirken. Wir können uns anschauen und dabei lächeln: Ist das nicht erstaunlich? Das bin ich. So mache ich das also!

Ich erinnere mich an eine Traumhebung, in der sich die Träumerin zu Beginn eines Traumes mit ihrem Freund in einer Berghütte in Hanglage einkuschelte. »Hanglage« und sich »einkuscheln«? – das passte nicht zusammen. Auch die Träumerin fand das »schräg«. Lachend begriff sie durch dieses Bild, dass ihr ungleichgewichtige Beziehungslagen, in denen sie gefühlsmäßig den Halt zu verlieren drohte, gleichzeitig gemütlich und heimelig erschienen, weil sie ihr von Kindheit an vertraut waren.

Lachen besänftigt die Angst. Lachen ist ein Ausdruck der Überlegenheit gegenüber dem Angstmachenden. Das Angstmachende wird in der komischen Inszenierung klein.

Nietzsche nannte Lachen einen »[...] Übergang aus momentaner Angst in kurz dauernden Übermut.« (Bossart, 2022, S. 20).

Mein Eindruck ist, dass Träume die Wirkung des Humors gezielt einsetzen. Der Übermut kann notwendig sein, um sich aus der Umklammerung der Angst in eine neue Sicht auf die Situation emporzuschwingen. Nicht selten ist nach befreienden Traumhebungen vorrübergehend eine dezente Selbstüberschätzung wahrnehmbar. Dieses gesunde Maß an »Größenwahn« ist manchmal nötig für den Mut, den ersten Schritt in eine neue Richtung zu tun.

Der Humor in den Überraschungsmomenten des Traums

Über einen Witz, dessen Pointe wir schon kennen, können wir nicht mehr wirklich lachen. So tritt der Humor des Traumes nicht nur in den Ungereimtheiten, sondern auch in den überraschenden Wendungen auf.

Denken wir zurück an die düstere Szene, in der der Träumer die von Ungeziefer befallenen schönen Apfelbäume zu befreien versuchte und dabei sogar einen Baum fällte. Ein verzweifelter Kampf um seine Selbstliebe. Er begrenzte den Schaden und es kam zu einer überraschenden Wendung mit einer ordentlichen Portion Inkongruenz im Lösungsteil des Traumes: Mit Gummistiefeln ging er mit einer jungen, blonden Frau zum Klavierspielen. Das hat was!

Abgesehen davon, dass wir auf der metaphorischen Ebene durchaus erklären können, warum Gummistiefel für das Klavierspielen sinnvoll sind, hebelt der Witz dieses Bildes zunächst den Verstand aus. Das erscheint nicht logisch. Gefühlt wirkt dieser Schluss besänftigend und erheiternd: Lasse ab von deiner Wut und deinen Bemühungen! Du weißt es viel besser, du bist nicht in Gefahr! Gehe spielen und scher dich nicht um Stilfragen! Lustvoll kommt deine Lebensmelodie zum Klingen.

Der Humor hilft Ambiguitätstoleranz zu entwickeln

Angestrengtes Nachdenken und verbissenes Bemühen führen selten zur Verbesserung einer schwierigen Situation. Durch Lachen wird das Schwere zumindest besser verkraftet. Aus der empirischen Humor- und Lachforschung ist bekannt: Lachen baut Stress ab, stärkt das Immunsystem, regt den Kreislauf an, lindert Schmerzen, Angst und Wut (Bossart, 2022, S. 28).

Wer lacht, kann nicht zugleich Ärger oder Zorn empfinden. Das Lachen gewährt ein Aufatmen, eine Erleichterung, die uns frische Kraft schöpfen lässt.

Lachen und Weinen liegen nahe beieinander. Beiden Zuständen ist gemeinsam, dass sie nicht kontrollierbar sind. Der unkontrollierte Zustand ist ein berührbarer. Die eigene Verletzlichkeit wahrzunehmen, macht durchlässig für die Berührung durch das Glück. Erst das Weinen und dann das Lachen. So erlebe ich es oft, wenn Menschen sich selbst in ihren Träumen begegnen. Die Tragödie und die Komödie des Lebens halten sich das Gleichgewicht.

Träume können darin unterstützen, Ambivalenzen aufzulösen. Gleichwohl bleiben unauflösbare Widersprüche und gehören zum Menschsein. Zum Beispiel der Widerspruch zwischen dem Bestreben nach Autonomie und die gleichzeitig bestehende Abhängigkeit in Beziehung. Ebenso ist kein Menschenleben frei von Leiderfahrung. Es mit den Widersprüchen des Lebens aufnehmen, das Leid annehmen – das bestimmt erst die Größe desjenigen, der seinen eigenen Weg trotz allem unbeirrt sucht und ihn zu gehen bereit ist, fallend und immer wieder aufstehend, Verluste erleidend und sich immer wieder für die Zuversicht entscheidend. Wir können mit Träumen lernen, der Widersprüchlichkeit des Lebens besser zu begegnen, mehr Ambiguitätstoleranz zu entwickeln. Humor macht das Schwere leichter.

Die Trotzkraft des Geistes

Mich wundert nicht, dass Freud auf der Grundlage der Traumdeutung später seine Theorie des Humors entwickelte.

Humor und Traum scheinen aus dem gleichen Holz geschnitzt zu sein: der Trotzkraft des Geistes, an widrigen Umständen, dem Leid und auch angesichts unseres letzten großen Scheiterns, dem Tod, nicht zu resignieren.

Im Humor des Traums scheint die Kraft auf, es mit dem Unausweichlichen aufzunehmen und selbst über die Abgründe hinweg das Leben weiterzuentwickeln. Wer nach der Transzendenz im Traum fragt, im Humor des Traumes scheint sie für mich vor allem auf.

Die Goldfische in meinem Traum, die anfänglich mein Interesse an den Träumen selbst weckten, spielten immer wieder in meinen Träumen eine Rolle. Als ich begonnen hatte, therapeutisch mit Träumen zu arbeiten, träumte ich von zwei besonders schönen Goldfischen, die an der Wasseroberfläche auftauchten, um zwei königsblauen Elefanten zuzusehen, die orangefarbene Rosen in die Luft warfen. Die Elefanten und die Goldfische zwinkerten einander zu. Dieses heitere Bild malte ich auf einen Paravent. Es bringt mich seither mit dem Gefühl in Verbindung, dass Kreativität und Freiheit gemeinsam die Liebe und den Frohsinn feiern.

6.6 Die häufigsten Fragen im Umgang mit Träumen

Für einen Eskimo ist Schnee etwas ganz anderes als für uns Europäer. Wie ist das in die Traumarbeit einzuordnen?
Im Erfahrungshorizont des Träumers liegt der Schlüssel. Die indigenen Völker im nördlichen Polargebiet erleben Schnee differenziert und verwenden entsprechend verschiedene Begriffe dafür. Die simple

Übersetzung von Schnee als gefrorenem Wasser, im übertragenen Sinn von gefrorenen Gefühlen, wäre hier zu kurz gegriffen. Um den Schnee im Traum eines Eskimos zu verstehen, muss von dessen »Lebenswelt« (Husserl, 1967, S. 134 und 138ff.) ausgegangen werden.

Was ist, wenn der Träumende gar nichts mit einer Metapher anzufangen weiß?
Explorieren Sie mit ihm das Traumbild. Welche Wege das gehen kann, möchte ich an folgendem Beispiel zeigen. Es träumte eine Frau von einem EDEKA-Supermarkt. Wir bemühten uns zunächst, die Bedeutung über die einzelnen Buchstaben zu erschließen. Das ergab keinen weiterführenden Sinn. Schließlich stellte sich heraus, dass der EDEKA, in dem sich die Träumerin im Traum befand, früher ein Kaiser's Kaffeegeschäft war. Dorthin war sie als Kind mit ihrer Oma an manchen Tagen gegangen. Es duftete so gut nach Kaffee. Ihre Oma war dann immer in einer besonderen Stimmung gewesen, die das Kind bezauberte. Aus der »Lebenswelt« der Träumerin konnten wir die Metapher verstehen. An diese Zeit, an diese Stimmung des guten Lebens wollte der Traum sie erinnern.

In meinen Träumen ist nichts los. Sie wirken banal. Was hat das zu bedeuten?
Ein Klinikseelsorger erzählte, er habe tagsüber einem Feuerwehreinsatz zugesehen. Nachts habe er von der Feuerwehr geträumt. Nichts Aufregendes, nur Feuerwehr sei eben das Thema gewesen. Das sei doch banal, der Traum habe sich eben mit dem Tagesgeschehen beschäftigt.

Ich fragte ihn, was er denn mit der Feuerwehr verbinde. »Nun«, sagte der Klinikseelsorger, »die Feuerwehr schützt, birgt und rettet.« Wie es denn mit seinen schützenden, bergenden und rettenden Anteilen sich selbst gegenüber aussähe, fragte ich weiter. Betroffen sank der Kopf des Seelsorgers leicht auf seine Brust. Er hatte die Anfrage des Traumes an sein Leben verstanden.

Es gibt keine banalen Träume. Wenn der Traum ein Ereignis des Tages wählt, dann hat dieses am Tag aufgefasste Bild etwas für Sie

Wichtiges in Ihnen berührt. Träume sind ausschließlich an dem interessiert, was Sie weiterbringt. Entscheidend ist, aus dem Traumbild die richtige Frage zu formulieren. Eine Frage, die sich nicht mit einer einfachen Antwort abfertigen lässt. Eine Frage, die eine innere Auseinandersetzung in Gang bringt. Schon bald werden Sie merken, dass diese Auseinandersetzung auf eine innerliche Weite abzielt, die Sie freier atmen und Sie in die Antwort hineinleben lässt.

Sollte anhaltend in Ihren Träumen keine Frage erkennbar sein, obwohl Sie im Alltag mit einigen Schwierigkeiten zu kämpfen haben, könnte darin das Muster zum Ausdruck kommen, sich die Dinge schön zu reden: »Alles gut!« Diese Form der Selbsttäuschung nivelliert spannende Gegensätze aus Angst, sie könnten bedrohlich werden. Graben Sie tiefer und rechnen Sie mit allem – auch mit dem Schönen!

Was hat es mit wiederkehrenden Träumen auf sich?
Ein Traum klopft so lange an, bis wir ihn verstanden haben. Das ist die einfache Antwort, die sich bisher in allen Fällen bestätigt hat.

Mein knapp 90-jähriger Vater hatte einen quälenden wiederkehrenden Traum: Er wollte ein Brett durchsägen und kam trotz intensivem Bemühen einfach nicht durch. Er mochte schon gar nicht mehr einschlafen, weil es immer wieder zu diesem Traum kam.

Die naheliegende Frage war: Womit er denn nicht an ein Ende käme? Eine Zahnoperation beschäftige meinen Vater zu dieser Zeit. Er wusste, dass die OP anstand, gleichzeitig hatte er die Sorge, sie könne zu teuer werden. Ein Zahnarzt aus der Familie bot ihm an, den Eingriff umsonst zu machen. Das Angebot reizte meinen Vater, doch er fürchtete im Gegenzug dem Verwandten gegenüber verpflichtet zu sein. So pendelte er zwischen unterschiedlichen Gefühlen hin und her (die Sägebewegung) und kam zu keinem Schluss.

Als mein Vater dieses Traumbild verstanden hatte, meldete er sich am nächsten Tag beim Zahnarzt in seinem Ort an, um die konkreten Kosten zu ermitteln und fand dann recht schnell zu einer Entscheidung. Der Traum kam nie wieder.

Was sind Albträume?
Das Wort Alp- oder Albträume stammt aus der germanischen Mythologie. Der Alb ist ein elfenartiges Wesen, das sich nachts dem Träumer auf die Brust setzt und ihn schwer bedrückt. Albträume sind wiederkehrende Träume, die mit einem hohen Angstlevel und belastender Bedrohung verbunden sind.

Es ist wichtig, zwei verschiedene Arten von Albträumen zu erkennen und zu unterscheiden: die posttraumatischen und die idiopathischen Albträume.

Posttraumatische Albträume stellen eine Reinszenierung eines real erlebten Traumas dar und sind daran auch gut zu erkennen. Diese Träume weisen keine Traumstruktur auf, die vom Problem auf die Lösung zugeht und können von daher nicht wie hier geschildert konstruktiv ins Bewusstsein gehoben werden. Posttraumatische Albträume bedürfen eines traumatherapeutischen Settings.

Idiopathische Albträume können, wie in diesem Buch beschrieben, in den konstruktiven Sinn gewendet und gehoben werden. Solche Albträume treten typischer Weise an Entwicklungsschwellen auf. Kinder zwischen 6 und 10 Jahren haben gehäuft Angstträume, die sie im Schlaf aufschrecken lassen. Es ist die Grundschulzeit, in der sie vielen kognitiven und emotionalen Herausforderungen ausgesetzt sind.

Es gibt leichtere und schwerere Albträume. Gejagt, in die Enge getrieben, der Traum vom freien Fall sind schwere Albträume, die oft mit schreckhaftem Erwachen verbunden sind.

Die übergreifende Thematik »im freien Fall« deutet auf eine Angst vor Kontrollverlust hin. Wie mit jeder anderen Metapher ist der Kontext des gesamten Traums heranzuziehen, um die persönliche Genese der Angst zu verstehen und einen Bewusstseinsschritt auszulösen, der mehr Freiheit schenkt.

Träume von Prüfungen können mittelschwere Albträume sein. Hier wird oft eine Auseinandersetzung mit einer grundlegenden Angst vor dem Nicht-Genügen aufgezeigt.

Ähnlich sind Träume vom Verpassen, vom nicht am richtigen Ort oder nicht angemessen bekleidet zu sein. Nackt im öffentlichen Raum zu sein, rückt das Thema der Beschämung und des Ungeschütztseins in den Blickpunkt.

Das Problematische an Albträumen ist, dass sie den Träumer oft bis weit in den Tag hinein gefühlsmäßig gefangen nehmen. Es ist ratsam bei sich wiederholenden Albträumen, die auch die Schlafqualität beeinträchtigen können, das Gespräch mit einem (Traum-)Therapeuten zu suchen. Der unerschrockene oder geschulte Blick des anderen, kann Ihnen eine befreiende Perspektive auf Ihren Traum schenken.

Können Träume vorhersehen? Was hat es mit den Träumen in den sogenannten Rauhnächten auf sich?
Den Träumen in den Nächten zwischen Weihnachten und Heilig Drei Könige wird im Brauchtum eine weissagende Kraft für die 12 Monate des neuen Jahres zugesprochen (Kirschgruber, 2013).

Die erste Rauhnacht, beginnend um Mitternacht an Heiligabend, behandelt die Thematik des Monats Januar. Vom 25. auf den 26. Dezember schaut die zweite Rauhnacht auf die Themen im Februar und so fort. Bis wir schließlich am 5. Januar den Jahreskreis schließen und das Thema des Monats Dezember vor uns haben.

Dies könnte so verstanden werden, dass Träume die Zukunft voraussehen könnten. Das hört sich nach Aberglauben an. Genauer betrachtet, ist es jedoch natürlicherweise so, dass Bewusstseinsprozesse, die sich heute in unseren Träumen abbilden, unsere Zukunft bahnen. Das entspricht der Funktion von Träumen nach dem Wissensstand der Neurowissenschaft und der Psychologie. Wer sich mit den Träumen über längere Zeiträume beschäftigt, wird feststellen, wie lange wir in Träumen mit einem Thema schwanger gehen, bevor sich eine neue Lebensgestaltung zeigt.

Zudem ist Brauchtum nicht gleich Unsinn, sondern entspringt einem Leben nahe der Natur und deren Beobachtung. Die Rauhnächte oder »Wolfsnächte« liegen in der Zeit, in der die Natur sich vor dem Zugriff der Kälte weit zurückgezogen hat und scheinbar in einen Stillstand getreten ist. Die Vorbereitungen für den neuen Austrieb, das Wachstum, sind ganz nach innen oder unter die Erde verlagert.

6 Leben mit Träumen

Die Nächte werden wieder langsam kürzer und das Licht nimmt allmählich wieder zu, und doch ist es noch die dunkle Zeit.

Es ist die Zeit, in der das alte Jahr zur Neige geht und das neue Jahr ahnungsvoll näher rückt. Auch wir modernen Menschen schauen zurück, werten aus, schließen ab und planen ins neue Jahr hinein. Wir besinnen uns darauf, was wesentlich ist, was zählt und worauf wir uns künftig vielleicht mehr ausrichten wollen. Wir freuen uns an dem, was uns wärmt.

Die 12 Träume aneinandergereiht sind ein besonderer Schatz am Ende eines Jahres im Übergang zum neuen. Auch im therapeutischen und beratenden Setting bieten Rauhnachtsträume breite Einsatzmöglichkeiten.

7 Schlusswort

Dieses Buch ist in den letzten sieben Jahren entstanden. Der finale Schreibprozess setzte im Frühjahr 2022 ein, in der Zeit, als in der Ukraine der Krieg begann und wieder einmal alle großen Utopien des Menschseins zerbrachen. In der Folge dieses Krieges wie auch aller anderen Kriege verschlimmerte sich die Situation des bereits durch Umweltverschmutzung, Artensterben und Klimawandel bedrohten blauen Planeten.

Ich fragte mich: Macht es in dieser Situation noch Sinn, über Träume zu schreiben?

Ja, mehr denn je! Träume führen die Auseinandersetzung mit unseren Ängsten und Begrenzungen, mit unseren Stärken und unseren Sehnsüchten. Sie setzen dabei unbeirrt auf das Mögliche. Im Zustand der Dystopie, des schlechten Ortes, nähren Träume die Zuversicht und die Hoffnung auf das Potenzial eines jeden Menschen, das Beste in sich zum Wirken zu bringen. Träume stärken die Trotzkraft: Jetzt erst recht, da wo Sie stehen, öffnen Sie sich, verschenken Sie sich, treten Sie ein für das Wunder des Lebens! Frei nach Emily Dickinson: Wenn Ihr Mut Sie verlässt, übertreffen Sie Ihren Mut!

In Ihnen steckt mehr als Sie denken! Das ist das Credo der Träume.

7 Schlusswort

Dank

Den Träumenden, die mit mir vertrauensvoll den kostbaren Stoff ihrer Träume teilten. Besonders danke ich jenen, die mir erlaubten in diesem Buch über ihre Träume zu berichten.

Allen, die mich ermutigten, den Schatz meiner Arbeit auszuwerten und zu verschriftlichen.

Den Kolleginnen und Kollegen der ehemaligen Bayerischen Akademie für Gesundheit e.V. für das gemeinsame Denken und Bemühen um die Traumarbeit.

Gisela Heidenreich, meiner ersten Ausbilderin, späteren Kollegin und Freundin für ihre Liebe und die geistige Heimat.

Prof. Dr. Uwe Tewes, meinem langjährigen und nächsten Teamkollegen in der Traumarbeit, dessen Witz und scharfsinniger Geist mich stets inspirierten und mich in der Arbeit über zu eng gefasste Grenzen hinaustrugen.

Barbara Pachl-Eberhart und Gert Heidenreich für die Bestärkung, mich meinem Schreiben anzuvertrauen.

Dr. Michaela Wöss, meiner engsten Schreibgefährtin, mit ihr gelang es, dem Alltag beständig Schreibräume abzutrotzen und tapfer voranzuschreiben.

Janna Block für das freie Lektorat mit dem richtigen Maß an Sensibilität und Genauigkeit.

Ulli Loidl und Fritz Heider für das genaue, wie kritische Probelesen und den daraus erfolgenden Fragen und Anregungen.

Astrid Pehrs, der Freundin, Künstlerin und Kunsttherapeutin, für ihren feinen Federstrich, ihrer Einfühlung in den Stoff der Träume und in mein Anliegen, den Text zu illustrieren.

Dem Kohlhammer Verlag Dank dafür, dass die Idee für dieses Buch Interesse fand sowie für die persönliche und umsichtige Betreuung des Buchprojekts.

Dank

Von ganzem Herzen danke ich meiner Familie, die über die Jahre, in denen das Buch entstand, mir den Rücken stärkte. Meinem Mann für seine Liebe, die Kochkunst und die Nerven mit mir. Meinen inzwischen erwachsenen Kindern Maximilian, Rebekka und Benjamin. Von klein auf erzählten sie mir ihre Träume. Meine Kinder aufwachsen und erwachsen werden zu sehen, setzte den emotionalen Treibstoff in mir frei, der nötig ist, um sein »eigenes Ding zu machen« oder um es im Geist dieses Buches zu sagen, seinen Träumen zu folgen. Danke für Alles!

Literaturverzeichnis

Alt, Peter-André (2002): Der Schlaf der Vernunft. Literatur und Raum in der Kulturgeschichte der Neuzeit. Verlag C. H. Beck, München.
Artemidor (1979). Das Traumbuch. Artemis Verlag, Zürich und München.
Ausländer, Rose (1988): Und preise die kühlende Liebe der Luft. Gedichte 1983–1987. S. Fischer Verlag, Frankfurt am Main.
Bailey, Elisabeth Tova (2015): Das Geräusch einer Schnecke beim Essen. Piper Verlag, München.
Bossart, Yves (2022): Trotzdem lachen. Eine kurze Philosophie des Humors. Blessing Verlag, München.
Brown, Brené (2013): Verletzlichkeit macht stark. Kailash Verlag, München.
Brown, Brené (2016): Laufen lernt man nur durch Hinfallen. Wie wir zur echten inneren Stärke finden. Kailash Verlag, München.
Buber, Martin (1979): Das Dialogische Prinzip. Zwiesprache. Verlag Lambert Schneider, Heidelberg.
Buber, Martin & Rosenzweig, Franz (1981): Die fünf Bücher der Weisung. Bd.1. Verlag Lambert Schneider, Heidelberg.
Buber, Martin (1997): Ich und Du. Verlag Lambert Schneider, Heidelberg.
Buber, Martin (2010): Der Weg des Menschen nach der chassidischen Lehre. Verlag Lambert Schneider/Gütersloher Verlagshaus, Gütersloh.
Buber, Martin (2018): Chassidismus I. Frühe Erzählungen. Martin Buber-Werkausgabe. Bd. 16. Herausgegeben, eingeleitet und kommentiert von Ran HaCohen und Bernd Witte. Gütersloher Verlagshaus, Gütersloh.
Cameron, Julia (2009): Der Weg des Künstlers. Knaur Taschenbuch, München.
Damasio, Antonio R. (2011): Selbst ist der Mensch. Körper, Geist und die Entstehung des menschlichen Bewusstseins. Siedler Verlag, München.
Damasio, Antonio R. (2013): Ich fühle, also bin ich. Die Entschlüsselung des Bewusstseins. Ullstein List Verlag, Berlin.
Damasio, Antonio R. (2015): Descartes Irrtum. Ullstein Verlag, Berlin.
Damasio, Antonio R. (2021): Wie wir denken, wie wir fühlen. Die Ursprünge unseres Bewusstseins. Hanser Verlag, München.
Desikachar, T. K. V. (1997): Über Freiheit und Meditation. Das Yoga Sutra des Patanjali. Verlag Via Nova, Petersberg.
Dickinson, Emily (1995): Dichtungen. Dieterich'sche Verlagsbuchhandlung, Mainz.

Literaturverzeichnis

Dietz, Ingeborg & Dietz, Thomas (2011): Selbst in Führung. Junfermann Verlag, Paderborn.

Ermann, Michael & Huber, Dorothea (2021): Träume und Träumen. Lindauer Beiträge zur Psychotherapie und Psychosomatik. Verlag Kohlhammer, Stuttgart.

Friebe, Holm & Albers, Philipp (2011): Was Sie schon immer über 6 wissen wollten. Hanser Verlag, München.

Freudenfeld, Elsbeth & Revenstorf, Dirk (2022 - 24): Traum und Trance. Online-Seminare, Milton Erickson Gesellschaft Tübingen und München.

Goethe, Johann Wolfgang (1970): Gesammelte Werke in acht Bänden. Hrsg. Bernt von Heiseler. Bertelsmann, Reinhard Mohn OHG, Gütersloh.

Grön, Ortrud (2007): Pflück Dir den Traum vom Baum der Erkenntnis. Träume im Spiegel von Naturgesetzen. Ein Lehrbuch für die Arbeit mit Träumen. EHP-Verlag, Bergisch Gladbach.

Han, Byung-Chul (2009): Der Duft der Zeit. Ein philosophischer Essay zur Kunst des Verweilens. Transcript Verlag, Bielefeld.

Hauge, Olav H. (1987): Der Traum trägt das blaue Segel. Heiderhoff Verlag, Eisingen.

Heidegger, Martin (1979): Sein und Zeit. Max Niemeyer Verlag, Tübingen.

Husserl, Edmund (1977): Cartesianische Meditationen. Felix Meiner, Hamburg

Jaxon-Bear, Eli (2023): Das spirituelle Enneagram. Neun Pfade der Befreiung. Arkana Verlag, München.

Jung, Carl Gustav (1971): Die Beziehungen zwischen dem Ich und dem Unbewussten. Die Wirkung des Unbewussten auf das Bewusstsein. Die Individuation. Walter Verlag, Olten.

Kaléko, Mascha (1999): In meinen Träumen läutet es Sturm. Dtv, München.

Kandel, Eric (2014): Auf der Suche nach dem Gedächtnis. Die Entstehung einer neuen Wissenschaft des Geistes. Goldmann Verlag, München.

Kast, Verena (2006): Träume. Die geheimnisvolle Sprache des Unbewussten. Patmos Verlag, Düsseldorf.

Kehr, Dota (2020): Mascha Kaléko. CD. Kleingeldprinzessinnenrecords.

Kirschgruber, Valentin (2013): Das Wunder der Rauhnächte. Märchen, Bräuche & Rituale für die innere Einkehr. Kailash Verlag, München.

Klein, Stefan (2013). Eines Tages werden wir Träume ganz verstehen. Sind Träume Vorahnungen, Wünsche – oder doch nur zufällige Hirnaktivität? Ein Gespräch mit dem Psychiater und Traumforscher Allan Hobson. ZEITmagazin Nr. 21/2013. Zugriff am 06.03.2024 unter: https://www.zeit.de/2013/21/traum-forschung-allan-hobson-stefan-klein

Miller, Arthur (2009): Nach dem Sündenfall. S. Fischer Verlag, Frankfurt am Main.

Monyer, Hannah & Gessmann, Martin (2015): Das Geniale Gedächtnis. Wie das Gehirn aus der Vergangenheit unsere Zukunft macht. Verlagsgruppe Random House, München.
Ortheil, Hanns-Josef (2023): Kunstmomente. btb Verlag, München.
Pascal, Blaise (1982): Schriften zur Religion. Johannes Verlag, Einsiedeln.
Pietrowsky, Reinhard (2021): Träume in der. Kognitiven Verhaltenstherapie. Hogrefe Verlag, Göttingen.
Prantl, Heribert (2019): Was macht Poesie aus? Volkstheatermagazin No 14, München.
Proust, Marcel (2013): Auf der Suche nach der verlorenen Zeit. Reclam Bibliothek, Stuttgart.
Rahner, Karl (1985): Worte gläubiger Erfahrung. Verlag Herder, Freiburg.
Rilke, Rainer Maria (1997): Briefe an einen jungen Dichter. Insel Verlag, Frankfurt am Main.
Rilke, Rainer Maria (2006): Die Gedichte. Insel Verlag, Frankfurt am Main.
Rogers, Carl R. & Rosenberg, Rachel L. (1980): Die Person als Mittelpunkt der Wirklichkeit. Klett-Cotta, Stuttgart.
Schiller, Friedrich (1984): Über das Schöne und die Kunst. Schriften zur Ästhetik. dtv Klassik, München.
Schwartz, Richard C. (2008): IFS – Das System der Inneren Familie. Ein Weg zu mehr Selbstführung. Books on Demand GmbH, Norderstedt.
Schwarzer, Yvonne (Hg.) (2011): Die Farbenlehre Goethes. In einer Textauswahl für Künstler. ars momentum Kunstverlag, Witten.
Seligman, Martin (2012): Florish – Wie Menschen aufblühen. Die Positive Psychologie des gelingenden Lebens. Kösel-Verlag, München.
Solms, Mark & Turnbull, Oliver (2004): Das Gehirn und die innere Welt. Neurowissenschaft und Psychoanalyse. Patmos Verlag, Düsseldorf und München.
Solms, Mark (2021): The Hidden Spring. A Journey to the Source of Consciousness. Profile Books, London.
Stefan, Verena (1975): Häutungen. Verlag Frauenoffensive, München.
Valentin, Karl (1961): Karl Valentin's gesammelte Werke. R. Piper & Co Verlag, München.
Voinier, Isabelle (2016): Über das Wesen der Farben im Spiegel unserer Träume. Reflexion GmbH Verlag, München.
Vollmer, Hartmut (1992): In roten Schuhen tanzt die Sonne sich zu Tod. Arche Verlag, Frankfurt.
von Ditfurth, Hoimar (1986): So lasst uns denn ein Apfelbäumchen pflanzen. Büchergilde Gutenberg, Frankfurt am Main.

von Petersdorff, Dirk (2023): Der ewige Brunnen. Deutsche Gedichte aus zwölf Jahrhunderten. Verlag C. H. Beck, München.
Weil, Simone (1989): Schwerkraft und Gnade. R. Piper & Co Verlag, München.
Weiss, Halko; Harrer, Michael E. & Dietz, Thomas (2010): Das Achtsamkeitsbuch. Grundlagen, Übungen, Anwendungen. Klett-Cotta, Stuttgart.
Weiss, Halko; Harrer, Michael E. & Dietz, Thomas (2012): Das Achtsamkeitsübungsbuch für Beruf und Alltag. Klett-Cotta, Stuttgart.
Weiss, Halko & Harrer, Michael E. (2016): Wirkfaktoren der Achtsamkeit – wie sie die Psychotherapie verändern und bereichern. Schattauer, Stuttgart.